JN060068

佐藤佐敏
中野博幸 [編著]

\その情報は信頼できる?/

批判的思考力 を高める エクササイズ

図書文化

はじめに

　怪しい情報が飛び交っています。

　新聞・雑誌・テレビ・ラジオなどの広告，各種 Web サイトやネットニュースなどには，「アンケートで〇%が効果を実感しています」「調査の結果，〇人の人々が……と回答しています」などの，もっともらしい情報があふれています。こうしてデータや数字を根拠としてあげられると，私たちは「ふ～ん，そうなんだ～」とつい納得してしまいがちです。

　しかし，そこで発信されている情報が，私たちが抱いている実感とは大きくズレていることもあります。確認のために多くの情報にアクセスしてみると，調査者によって異なったデータが示されていることもあります。例えば内閣支持率などでは，調査を行った媒体によって結果に 10%近い開きがあることもあります。また，同じ支持率「50%」というデータでも，「50%に上りました」と「50%しかありませんでした」と報道されるのでは，受信者は正反対の印象を受けます。いったい私たちは情報をどのように受け止めたらよいのでしょう。

　情報を丁寧に読み解いていくと，そこにはさまざまな仕掛けがあることに気づきます。

　情報の出どころが書いてないぞ。
　どのような人たちに，何人に調査したデータなのかわからないな。
　どんな質問をして，このデータを集めたのだろう。
　主張とデータが合っていないんじゃないか。
　グラフで見ると受ける印象がずいぶん違うぞ。
　情報源からここに届くまで，伝達のプロセスにかかわっている人が多すぎるよ。

　これらの仕掛けに気づくと，情報を鵜呑みにすることは，ひどく危険であることが実感されます。データに踊らされないように慎重に情報を受信したくなります。

　しかしながら，私たちはそれらの仕掛けを見破る方略をもっているかというと，そうではありません。なぜなら，これまでの小学校，中学校，高等学校の学校教育において，それらを網羅的かつ系統的に学ぶことがなかったからです[※1]。

　大学に入り統計学や学術的な論文の読み方を学ぶと，批判的思考力を働かせて情報を読解する方略を経験的に身に付けていきます。しかし，小学校，中学校，高等学校では，そういった批判的思考力を発揮する学習活動は組織されていません。

　私（佐藤）は，大学の国語科教育法という授業で教科書教材を批判的に読む活動を設けていますが，学生たちから「教科書をこんなふうに批判していいとは知りませんでした」というリアクションコメントが届きます。どうやら，「批判的に読むということは情報発信者を疑うことであり，それは倫理的によくないことだ」と思っているようです。

OECDが3年ごとに行っている生徒の学習到達度調査（PISA：Programme for International Student Assessment）において，2018年の日本の「読解力」は15位と報告されました。この調査で，日本の生徒の正答率が低かった問題の一例として，「情報の質と信ぴょう性を評価し自分ならどう対処するか，根拠を示して説明する（自由記述）」問題があげられています（国立教育政策研究所2019：4）。

　国語科や社会科の授業では，資料を読解する授業が日常的に行われていますが，「情報の質と信憑性を評価すること」に着目して授業を行っている教師はどれくらいいらっしゃるでしょう。ふだんから情報の質と信憑性を評価することに慣れ，その経験を積んでいなければ，あふれる情報に的確に対処することは不可能です。

　このような問題は，おもに情報教育を専門としている研究者や一部の教育実践家によって1990年代から指摘され，さまざまな改善の方途が示されてきました。しかしながら，それは「総合的な学習の時間」における「情報を扱った単元」という分野で行われることが多く，圧倒的に授業時数の多い国語科や算数・数学科などの教科で，系統立てて教えられることはありませんでした[※2]。また情報教育を巡っては，教科横断的な取組みが推奨されてきましたが，2023年現在において，その教科横断的な研究や実践が広く一般化しているとは言いがたい現実があります。

　そこで，この問題に対処するために，筆者らは批判的思考力を育成することを目的として「情報の信憑性を評価する方略」に焦点を当て，その方略を網羅的かつ系統的に並べることを試行しました。

　本書の前半には，我々が開発した「情報操作に気づくエクササイズ」を掲載しています。受信する情報の対象は〈混成型テキスト〉に絞り込みました（〈混成型テキスト〉についての説明は94頁を参照）。そして，〈混成型テキスト〉を批判的に読む体験をしながら，情報を吟味するために必要な「10の読解方略」を1つずつ段階的に学べるように，方略ごとに小学校高学年以上向け・中学生以上向けの2種類のエクササイズ（ワークシートの教材）を配列しました。エクササイズは，どこからでもおもしろそうなものから取り組んでもらってかまいません。

　本書の後半では，関連する先行研究をひもときながら，本書の研究の立ち位置を確認し，「〈混成型テキスト〉を批判的に読む」ことを論理的に考察しています。国語科教育を専門としている佐藤佐敏と，数学科教育を専門としている中野博幸が，それぞれの研究領域の知見をもち寄って，これまでの研究を概観しました。

　ただし，限られた紙幅のため，あくまでその理論的背景の一端を紹介することに留めていることをご了承ください。興味のある方は，さらに章末にあげた先行研究を足がかりにしてお調べください。

最後に，本書のエクササイズの特徴を整理しておきます。

1）〈混成型テキスト〉を批判的に読むための 10 の読解方略を網羅しました。

2）現実に起こった社会問題やデータを取り上げると著作権や肖像権といった問題があるため，仮想世界の出来事を想定した仮想データを用意しました。

描く仮想世界は登場人物を家族4人に限定し，あたかも物語のように提示します。そうすることで学習者の読みの抵抗感を下げ，1つ1つの読解の難度の差異を少なくしました。

3）見開き2ページで，基本的に1つの読解方略を習得できるようにしました。

各エクササイズを同じフォーマットで作成しました。クイズを解くような軽い気持ちで，問われている仕掛けを見破ってみてください。

4）右の QR コードから本書のサポートページにアクセスすると，エクササイズをダウンロードできます。加えて同じ読解方略を扱った別のエクササイズも Web サイトにあげています。どうぞ，そちらもご活用ください。

　本書のエクササイズは，佐藤が主催している福島黄鶲国語研究会の有志たち，ならびに図書文化編集部の方々と 20 回以上のオンライン会議を重ねて作りあげました。そして，佐藤の同級生である中野がエクササイズのブラッシュアップを図り，解説を執筆することで，著作物としてまとめました。本書の編著者である佐藤と中野は，文系と理系という違いはありましたが，クラブ活動を共にした高校，大学の同期生であり，このようなコンビを組んで書籍を出版できることを望外の喜びと感じています。

　本書を通して，読者のみなさまとつながり，同じ目的意識を共有している仲間として，共に子どもたちの情報リテラシーを高めていくことができればと思っています。

福島大学　佐藤佐敏

第5章｜エクササイズの展開例

第6章｜いつエクササイズを実施するか

理論編

第7章｜本研究の位置付け

エクサ
サイズ
編

第1章

批判的思考力を発揮して「読む」とは

だれかに思わず伝えたくなるようなおもしろい話,「えー？」と思うようなニュースに出合ったときに, 私たちはどのような行動をとっているでしょうか。

「知らなかったけど, そういうこともあるのかも」という姿勢で, 素直に受け止めてみる。「本当にそんなことあるのかな？」「話を盛ったり, ごまかしたりしているんじゃないのかな？」という姿勢で疑ってみる。

ケースによってどちらの姿勢をとることもあるでしょうが, ここには重要なポイントがあります。それは, 情報の真偽を自分の直感だけで判断せず, 論理的にもそのような判断が可能かどうか「情報を客観的に吟味してみる」ということです。

本書では, このような「情報をキャッチするときの姿勢」と「情報の信憑性を評価する力」を, 子どもたちに育てたいと考えています。

1.1 情報の信憑性を評価する授業の実際

では, その「情報の信憑性を評価する力」をどのように身につけていけばよいでしょうか。まずは, 11頁の〈混成型テキスト〉例を読んでください。これは, 藤田・佐藤（2020：19-28）が, 福島県のA中学校で実践研究した「情報の信憑性を評価する授業」の教材を, 本書のエクササイズのパターンにアレンジしたものです（実際の授業で使用した資料とは厳密には異なります）。

「大阪のおばさま」と聞くと「ヒョウ柄が好き」というイメージが浮かびます。しかし, この記事の「ヒョウ柄好きランキング」の順位によると大阪は23位であり, ヒョウ柄好きのイメージはメディアによって刷り込まれた印象であると記事は結論づけています。

意外な事実がデータから明らかにされる展開に, 思わず「そうなんだー！」と素直に納得してしまいそうな内容です。生徒たちは, この情報をどのように受け止めたのでしょうか。

以下は, 藤田・佐藤が行った授業での, あるグループの話し合いの様子です[※3]。

生徒C （13位を見て）これこれこれ, これ絶対に違う。だって福島は, ヒョウ柄がこんなに多くないよ, 絶対。（中略）これさ……, このなんだっけ, このランキングはなんだっけ, これ, これはあれじゃん, ①アイテムの購買額だからさ。

資料1 「情報の信憑性を評価する授業」で使用した〈混成型テキスト〉の例（一部改変）

大阪のおばさまは「ヒョウ柄のお洋服」が好きじゃない?!

Web 雑学おもしろサイト

- -

みなさんは、「大阪のおばさまたちはヒョウ柄の洋服がお好き・似合い」だという印象をもっていませんか。もし、そう思っているとしたら、それは「偏見」です。

下記の「ヒョウ柄好きな都道府県ランキング」の表を見てください。大阪府はなんと全国「23位」ではありませんか。他県に比べて、大阪の女性は「ヒョウ柄アイテム」を購入していないという事実が判明しました。

私たちは、バラエティ番組などの影響で、「大阪のおばさまはヒョウ柄が好き」という印象を刷り込まれているようですね。

表1：ヒョウ柄好きな都道府県ランキング

1位	青森県	14位	岡山県
2位	徳島県	15位	北海道
3位	宮崎県	16位	富山県
4位	鳥取県	17位	島根県
5位	沖縄県	18位	茨城県
6位	愛媛県	19位	静岡県
7位	長野県	20位	石川県
8位	福岡県	21位	香川県
9位	岩手県	22位	京都府
10位	三重県	23位	**大阪府**
11位	滋賀県	24位	大分県
12位	群馬県	25位	愛知県
13位	福島県		

出典：○×市場（41才以上の女性のヒョウ柄アイテム購買額より算出）[4]

タッケルン：「ねえねえ、この『Web雑学おもしろサイト』を見てよ。大阪のおばちゃまたちって、ヒョウ柄がよく似合うと思っていたけど、どうやら違うみたいだよ」

お父さん　：「えっ？　どれどれ……そうだなぁ。テレビの見過ぎのせいかな、父さんもてっきり大阪のおばさまたちって、みんなヒョウ柄の服が好きだと思っていたよ」

お母さん　：「私にも見せて。……なぁんだ、よく読んでよ。この情報、簡単に信じちゃいけないわよ。なぜなら……」

生徒B　そう，②○×市場はネット通販だから。

生徒A　もしかしたらさ，1位の青森の人はさ，ヒョウ柄はヒョウ柄でもさ，めっちゃ高いやつ買ってるのかもしれないし？

生徒B　そうそう。だれか一人が，めっちゃ高いやつ爆買いしてるのかもしれないし。

生徒A　100万のさ，本物のヒョウの皮を使ってるやつとか買ってるかもしれない。

生徒C　うーん，それ（100万円のヒョウ皮）くらい③大阪にはもともとあって？　それで，もう店で売ってあって？　④ネットじゃなくても買えるっていう可能性がある……。

生徒D　こっちが質（金額）で，こっちが数みたいな？

生徒B　そうそう。だから，（資料1の上位県を指しながら）ここらへん，⑤ヒョウ柄のやつをあんまり手に入れることができない県が前（「上位」という意味）にある。

生徒A　⑥そうか，そうだよ！

生徒C　⑦ヒョウ柄を（お店で）あんまり手に入れられないから，ネットでわざわざ買うっていう……。（後略）

　生徒たちの話し合いの過程を追っていきましょう。

　「福島が13位」という結果に最初に疑問をもったCとBが，表の出典に着目して，ランキングのデータが「ネット通販での購買額」であることを述べています（傍線①②）。さらにCは「ネット通販」という特性に着目し，大阪では実店舗でヒョウ柄の服を買うことができるのに対して，他の地域ではネット通販で買うしかないために，購買額が多いのかもしれないという可能性を推論しています（傍線③④⑦）。続いてBも，この表は，ヒョウ柄の服を店で直接購入できない都道府県を示している可能性について述べています（傍線⑤）。

　Aは，購入額の差異を「服の値段の差」と述べていましたが，最終的にはC，Dの考えに「そうだよ」と賛同しています（傍線⑥）。授業後のAの振り返りは次のとおりです。

　表1には，「ヒョウ柄好きな都道府県ランキング」とタイトルがついていたのに，実際は，「41才以上の女性がヒョウ柄の服をネット販売で購入した額に基づいたランキング」だった。最初ぼくはこれに気づいてなかった。

　この資料からは商品単価や一人当たりの購入額まではわからないので，Aの意見も必ずしも否定されるものではありません。しかし，グループでの話し合いを通してCやBの意見にも触れるうちに，「ネット通販」という限れた市場のデータをもとに「他県に比べて大阪の女性は『ヒョウ柄アイテム』を購入していない」と結論づけることには無理があることに気づき，生徒たちは「この発信者の情報は信頼できない」という判断にいたっています。

　この授業では，資料の読み取りの後にグループでの話し合いを行うことで「情報を客観的に吟味する力」を育成しました。本書ではこのようにエクササイズを通して「情報を客観的に吟味する力」をつけていきます。

1.2 ビジュアル化された情報の危険性

　資料1のように，図や表を生かして作成された文章を〈混成型テキスト〉といいます。私たちが受けとる情報には，その根拠として，なんらかのデータをもとに作成されたグラフや表が用いられていることが多くあります。

　では，なぜ図や表を組み合わた情報発信が多いのでしょう。それは，そのほうが一目で内容がわかりやすく，インパクトがあるからです。図や表のもつ大きな特徴の1つは「情報の一覧性」です。文字だけで長々と説明するよりも，あるいはたくさんの数字を羅列するよりも，グラフなどにまとめることで，一目で情報の大意をつかませることが可能になります。

　しかしいっぽうで，私たちの脳は大意を瞬時に捉えることで，細部の情報，例えばラベルやソースを軽視してしまいます。それを逆手にとって，発信者が意図的に情報操作を行う場合があります。例えば，下記の「3Dグラフ」は，実際の割合と感じ方が違って見えます。ケガの発生箇所は「校庭（22人）」が一番多いのに，見た目は「体育館（17人）」が多く見えています。

　このような仕掛けがあることに気づかないと，私たちは意図的に操作された情報を，発信者の意のままにたやすく受け入れてしまうのです。

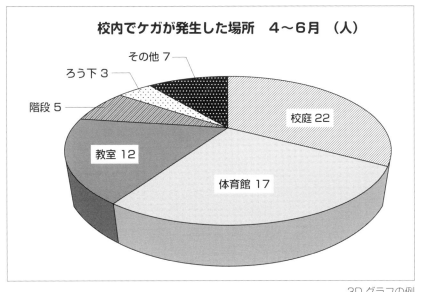

3D グラフの例

　具体的なデータが示されているからといって，そこで発信されている情報が正しいとはかぎりません。にもかかわらず，私たちはデータがあることに安心して，ついうっかりと情報を鵜呑みにしてしまいがちです。

　情報発信には必ず目的があります。発信者がどのような意図をもってデータを扱っているのか，図表におけるデータの扱いは適切なのかを見極めることが必要です。

「自分の目」で確かめる
―フェイクとファクトの入り交じる時代に―

- -

2016年の米国大統領選以降，ブレグジット（英国のEU離脱問題），仏国大統領選，そしてウクライナ情勢などにかかわって，世界中をフェイクニュースが飛び交いました。さらに，フェイクニュースを暴いたニュースが，対立勢力から「それこそがフェイクニュースだ」と罵られる事態まで起きました。

何がフェイク（虚偽）で，何がファクト（事実）かが，本当にわからない時代です。自分にとって都合のよいもの，自分にとって心地よいものだけを信じるようになると，事実はどうでもよくなり，事実を丁寧に調べよう，事実に基づいて考えようとしなくなっていきます。その結果が招くのが世界の分断です。フェイク（虚偽）とファクト（事実）が飛び交う世界の中で，情報の信憑性を疑うことなく無防備なまま受信するのは，あまりに危険なことです。

世の中には，信頼の置ける発信者からの公正な情報もあれば，特定の立場の人が自分に都合のよい形で発信した歪んだ情報もあります。あふれる情報の中で，何が事実で何が事実ではないかを，自分の目で確かめていく力が必要です。

子どもたちが大人の目の届かないところで自ら多くの情報に接していることを危惧し，「SNSやインターネットの使い方教育」が教育現場でも広く行われるようになりました。それらは，おもに子どもたちの対人関係をめぐる日常的なトラブルを予防するものであったり，消費者トラブルや性犯罪の危険を啓発するものであったりすることが多いようです。ただし，これまでに述べてきたような状況を踏まえれば，高度情報化社会における情報リテラシーは，それだけでは十分といえません。「情報を適切に判断し，情報を通じて決定を下す能力」を，独立的なプログラムとして学ぶことが大切だといえるでしょう。

NTTドコモ（2022）の調査によれば，小学生のスマートフォン所有率は小1〜3で15.4%，小4〜6で33.1%，キッズケータイ所有率は小1〜3で11.1%，小4〜6で18.4%です。自分専用の端末としてのスマートフォンの所有率は，中1〜3で7割を超えています。また，GIGAスクール構想の下，学校でもタブレットを活用した調査活動で，子どもたちは自主的に多くのサイトにアクセスし，多くのデータを入手しています。このような状況を踏まえれば，できるだけ低年齢のうちに，自分の目で「情報の信憑性を評価する体験」をしておくことが重要です。

（佐藤）

何に対して「批判的思考力」を発揮するのか

―〈認知バイアス〉を知ることからはじめよう―

‐ ‐

　インターネットの普及で，さまざまな情報にアクセスできるようになりました。一部の専門家だけが有していた希少な情報も，以前より簡単に入手できるようになっています。そうなると，だれもが多くの情報にアクセスし，多様な情報をもとに発信者の主張を検討するようになるだろうと思われます。しかし，現実をみてみると，必ずしもそのようにはなっていません。

　〈確証バイアス〉という心理学の用語があります。「人は一度一つの仮説を支持すると，それに反する情報を目にしても無視してしまう」という傾向のことです。例えば，「糖質制限がダイエットに効果がある」と信じている人は，糖質制限して体調を壊した人がいるという情報があっても，それをスルーしてしまいがちになります。また「過度な糖質制限は体によくない」といった忠告にも，「そんなことない」と否定し，取り合わないことが多くなります。

　同様に〈追従バイアス（追認バイアス）〉という心理学の用語もあります。「一度一つの判断をしたら，その後に目にする事物を，最初の判断を補強する印ととらえてしまう」という傾向です。宮沢賢治に『注文の多い料理店』という作品がありますが[5]，この作品では，若い紳士たちが勘違いのドツボにはまっていくという〈追従バイアス〉の過程が滑稽に描かれています。実は私たちも，これに似たような情報受信をしているということです。

　加えて，集団心理学に〈集団極化現象〉という用語もあります（有馬淑子 2012:3）。これは，「議論は白熱すればするほど，集団が選択する結論は極化していく」という傾向です。同じ考えの人が集い，自分たちの考えを補強する情報のみを共有し，都合の悪い情報はシャットアウトしていくと[6]，両派の中間の立場をとっていた人も徐々に一方の極へ吸いよせられていくのです。その結果，議論が熱を帯びるにつれ，「自分たちが正しい」という思いをいっそう強め，集団は極化します。「分断」は，集団極化現象が最たる形で現れた姿のわけです。

　「いやいや，私はいつも冷静に，そして客観的に情報を入手しています」「オープンに議論し，異なる意見にも耳を傾けています」と胸を張る人もいるでしょう。しかし，「気づかないうちに」というところが，これら〈認知バイアス〉の恐ろしいところです。

　まず第一に，私たちには〈認知バイアス〉があるということを自覚しなければなりません。自分に都合のよい情報ばかりにアクセスしていないか点検したり，自分に都合の悪い情報をスルーしていないか確認したりすることが大事です。第二に，受け取った情報についても，自分に都合のよいように解釈していないかを自分に問い掛けることが大事です。そして第三に，意見が衝突する議論の場では，互いの見解が極端になっていないかを冷静に判断し，クールダウンすることが大切です。一度相手の立場になって考えてみるといった思考実験を行うことも有意義でしょう。

　批判的思考力を向けるべき最初の相手は，ほかならぬ自分自身です。

　これは，本書で最初に確認したかったことであり，筆者である私自身も日々注意していきたいと思っていることです。

（佐藤）

第2章 〈混成型テキスト〉の信憑性を評価する読解方略

　本書では，18-19頁のように〈混成型テキスト〉の読解方略を整理しました。そして，「情報の信憑性を評価するために，情報のどこに（何に）着目し，どう判断したらよいか」をメタ思考できる子どもの育成をめざします。

　方略の整理に当たっては，統計的リテラシーの育成に関して高等学校で実践している古賀竣也（2019）の研究や，国語科教育の井上尚美（2007：93）の「批判的な読みのチェックリスト」と，吉川芳則（2017：38）の「批判的読みの基本的あり方」などを参考にしました[※7]。それらの詳細は，本書の後半「理論編」に記します。

2.1 読解方略の3つの階層

　まず第一に，〈混成型テキスト〉の「何に着目するのか」を大きく3つに区分しました。それが第一層です。その区分は「テクストへの着目」と「データへの着目」と「テクストとデータの関係への着目」です。

　〈混成型テキスト〉の特徴は，発信者の主張である【文章】と，その根拠となるデータを【表やグラフ】にしたものが，組み合わさって発信されていることにあります。

　　　〈混成型テキスト〉　＝　文章　＋　図・表・グラフなど

　多くの場合，〈混成型テキスト〉には，他者から引用したデータが用いられています。発信者が，文章を書くために，自らデータの調査収集までを行うのは大変だからです。公的機関が発表したデータを引用したり，他者が集めたデータを使用したりしています。

　時系列でみると，データが先に発信されていますから，データ発信者を【1次発信者】と呼び，そのデータを使って〈混成型テキスト〉を発信したほうを【2次発信者】と呼びます。1次発信者のデータは，もとのまま用いられている場合もありますし，表やグラフに加工されている場合もあります。そのとき2次発信者が1次発信者の情報を都合よく利用したり，2次発信者が1次発信者の情報を誤って理解したまま伝達していることもあるわけです。情報の信憑性を評価するときに，この第2発信であるテクストを対象とするのか，第1発信のデータを対象とするのか，その両方の関係を対象とするのか，それが最初に着目する点です。

　このような〈混成型テキスト〉の大きな構造を捉えることが，読解方略の第1層となります。

〈混成型テキスト〉には複数の発信者が存在していることに気づこう！！

○○なら××がおすすめ*!!*

（1次発信者）
オリジナルデータを
発信した人

情報の受信者

（2次発信者）
データと文章を組み合わせ
て新たな情報を発信した人

　読解方略の第2層では，〈混成型テキスト〉に複数の発信者による情報が含まれていることを踏まえながら，「この情報は本当に信頼できるか」を多様な観点から検討していきます。本書ではそれを「読解方略10」として整理しました。

　さらに，第2層で整理した検討の観点について，「十分といえるか」「適切といえるか」「整合性があるといえるか」など，より具体的に判断していくための基準として設定したのが，読解方略の第3層です。

　例えば，「日本のプロサッカーJリーグにおいて最高のストライカーはだれか」という特集が組まれたスポーツ雑誌があったとします。この場合，選手を比較するにあたって，どのようなデータをもとにしたかによって「最高のストライカー」像は異なってくるでしょう。そこで，「データの算出方法」（読解方略8）に着目してみることは，記事が主張する情報の信憑性を検討するための1つの方法となります。

　「データの算出方法」に着目したら，今度は「選手の年間総ゴール数」を代表値と考えたのか，それとも「ゴール決定率（シュート本数の中でゴールを決めた割合）」を代表値として考えたのかを検討していきます。これは，「データの算出方法」の中の「データの処理の仕方は適切か（適切な代表値を使っているか）」（読解方略8－⑤）という基準から，情報の信憑性を判断しているということになります。

　発信者の主張が説得力をもつか確かめるためには，どの数値が代表として取り上げられていれば適切であるのかを，情報の受信者も判断することが重要だということです。

　本書では，第2層の「読解方略10」を1つずつ体験学習できるようにエクササイズを教材化しました。すべての読解方略を習得して使いこなせるようになるまでは，学習者の手元に読解方略一覧表を置いて，1つ1つ確認しながらテクストを読むという学習を促すとよいでしょう。

「情報の信憑性」を評価するための読解方略10

第1層	第2層
テクストのどこに着目するか〈着目する対象〉	**何について評価するか**〈検討する観点〉

Ⅰ 文章（テクスト）に着目する
→ 1 テクスト発信者を検討する
　　（所属・属性・これまでの発信内容・媒体など）*1

→ 2 テクスト内のタイトルを検討する

→ 3 使用されている用語を検討する

→ 4 テクストの表現を検討する

Ⅱ データの出典と、
　　データそのものに着目する
→ 5 データの出典の表記を検討する

→ 6 データのサンプル（調査対象）を検討する

→ 7 データの調査方法を検討する

→ 8 データの算出方法を検討する

→ 9 外部の要因を検討する

Ⅲ テクストとデータの関係
　　に着目する
→ 10 データ作成者とテクスト発信者の関係を検討する
　　（1次発信のデータと2次発信のテクストとの関係）

*1 発信されているテクスト内に誤りがあったり，使われている表現が稚拙であったりした場合は，その発信者（情報源）の信頼性は疑ったほうがよい。これは「5② 出典（データの作成者）は信頼のおけるところか」と類似しているが，「1テクストの発信者を検討する」の〈検討する観点〉は2次発信者（テクストの発信者）であるのに対して，「5②」の〈検討する観点〉は1次発信者（データ作成者）である。

*2 1次発信である出典の鮮度を確認するとともに，データを用いている2次発信のテクストの発信日時も同様に確認する必要がある。ここでは，テクスト発信者が敢えて古いデータを使用していることを問題視するということで，「出典」のみを〈検討する観点〉として記載した。また，情報の鮮度という〈判断する基準〉からすると，Web上の情報であれば，頻繁にアップデートされているかどうかを確認する必要もある。

*3 *2とも重なるが，「5③出典（データ）は最新か（出典の発行日は最近か）」と「7①調査が実施されたのは最近か」は厳密には異なる。調査が行われたのは2年前であり，データとして公表されたのが1年前であり，このテクストが発表されたのは昨日であるということがある。

第3層

どのように評価するか
〈判断する基準〉

テクスト発信者は明記されているか	明確性
テクスト発信者は信頼できるか	信頼性
各タイトルはデータやテクストを示すのに適切か	適切性
用語は適切か	適切性
誇張や歪曲，デフォルメ，巧妙な言い回しでのごまかしはないか	適切性
①出典（データの作成者）は明記されているか	明確性
②出典（データの作成者）は信頼のおけるところか	信頼性
③出典（データ）は最新か（出典の発行日は最近か）*2	即時性
①調査対象が明記されているか	明確性
②サンプル数は十分か	十分性
③サンプルの抽出に偏りがないか	公平性
①調査が実施されたのは最近か *3	即時性
②調査実施時の質問が提示されているか	明確性
③調査実施時の質問に問題はないか（誘導・操作など）	公平性
①データの単位は適切か	適切性
②主張を支えるデータの基準は適切か (判断した基準は適切か)	適切性
③データをデフォルメしていないか （グラフでの二重波線の強調・3D グラフ・メモリの幅・ グラフ内での文字の大きさなど）	適切性
④都合の悪いデータが切り取られてはいないか	公平性
⑤データの処理の仕方は適切か（適切な代表値を使っているか）	適切性
⑥提示されているデータは十分か。他に関係のある要素はないか *4	十分性
データに影響を与えた他の要因はないか	十分性・公平性
①データ作成者の意図とテクスト発信者の意図は一致しているか， また，データの内容とテクストの内容にズレはないか	適合性・整合性
②示されたデータは，テクストの主張を支える根拠として十分か	十分性
③元データを正確に引用しているか *5	正確性
④テクスト発信者の主張と，根拠とするデータに因果関係はあるのか （相関関係があるだけではないか）	論理性

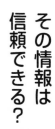

その情報は
信頼できる？

*4 これは「9外部の要因に着目する」と類似している。「外部要因」はデータに影響を与えた外的な要因があることを指している。一方，「8⑥提示されているデータは十分か。他に関係のある要素はないか」は，一般的に「疑似相関」と言われる関係を指している。例えば，「盆栽が趣味の人は年収が高い」という場合，「盆栽を趣味にしている人はご高齢の人が多い」「ご高齢の人は若者より年収が高い」という関係を意味している。「盆栽」と「年収」には直接的には関係がないものの「ご高齢である」という要素を経由することで，関係があるように見える。「8⑥」で示しているのは，その「疑似相関」である。

*5 「10③元データを正確に引用しているか」は，「10①データ作成者の意図とテクスト発信者の意図は一致しているか，また，データの内容とテクストの内容にズレはないか」に含まれる。ここでは，データを加工して編集していることに特化し，項目を分けた。

第3章 「読解方略10」の実践的活用
―試行：〈混成型テキスト〉を評価する―

3.1 読解方略を使って〈混成型テキスト〉を読んでみる

　前述した「読解方略10」を使って「情報の信憑性を評価する」とは，具体的にどのように することなのか，具体的な〈混成型テキスト〉を使って説明していきたいと思います。

　下記の〈混成型テキスト〉は，ある子どもたちが「総合的な学習の時間」にて「多様性社会 を考える」というテーマで発表した資料だと考えてください。

〈混成型テキスト〉例

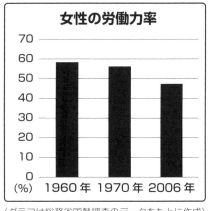

「多様性社会を考える」グループ発表資料
日本の女性の社会進出はさらに遅れている！！
2023.8.15
女性の社会進出を考えた1組3班

　「日本も女性の社会進出が進んでいる」という 主張をときおり目にします。しかし，そんなこ とはありません。右記のグラフを見てください。 このグラフは，18～25歳の女性の労働力率を 示しています。

　ご覧のように，女性の労働力率はむしろ減少 しています。日本の女性の社会進出は，進んで いないどころの問題ではありません。さらに悪 化しているといえるでしょう[8]。

女性の労働力率

（グラフは総務省国勢調査のデータをもとに作成）

<前提の理解>

テクストの主張は何か，テクスト発信の目的や意図は何か

　資料タイトルから，「日本の女性の社会進出はとても遅れている」ということを伝えたくて 本情報を発信したと推測されます。また，「多様性社会を考える」「女性の社会進出を考えた」 とあることから，女性の社会進出の遅れを問題視する立場での発信であると推測されます。そ のような発信者の主張と意図を前提として，テクストとデータを読解していきます。

＜文章（テクスト）に着目する＞

読解方略 1　テクスト発信者（所属・属性・これまでの発信内容・媒体など）を検討する

　資料の発信者は「女性の社会進出を考えた１組３班」であると明記されています。「１組３班」は顔の見える学級の友達ですから，受信者を故意にだまそうとするような，悪意のある発信ではないと信頼してよいでしょう。

　実生活であれば，特に重要なテクストを読解する場面であれば，発信者がどのような人なのか，それは企業なのか団体なのか，Web などで調べたほうがよいでしょう。発信者のホームページを確認したり，書籍が出版されていれば，その書籍そのものをひもといたりすることが大切です。

読解方略 2　テクスト内のタイトルを検討する

　資料内のグラフのタイトルに「女性の労働力率」とありますが，文章内では「18 ～ 25 歳の女性の労働力率」と説明されています。タイトルに省略した表現が用いられる場合はありますが，この場合は意味が変わってしまうので省略とはいえません。これは看過できない変換です。「『18 ～ 25 歳の女性の労働力率』と『女性（全体）の労働力率』は同じとは言えない，すり替えがある」と指摘しなければならないでしょう。

読解方略 3　使用されている用語を検討する

　文章内でも「18 ～ 25 歳の女性の労働力率」（4 行目）という表記が途中から「女性の労働力率」（6 行目）と変換されています。説明の用語はできるだけ統一することが基本ですが，発信者は用語を混在させたうえで，「ご覧のように，『女性の労働力率』はむしろ減少しています」と結論を述べています。ここからは，「わざわざ用語をまぎらわしくすることで，女性全体の労働力率が減少しているように印象操作をしている」と指摘することもできます。

　また，労働力率の定義も明示しておいたほうが親切でしょう。

読解方略 4　テクストの表現を検討する

　読解方略２・３で述べたことは，「巧妙な言い回しでごまかし，都合のよい結論に導いている」という表現で指摘することもできるでしょう。

＜データに着目する＞

読解方略 5　データの出典の表記を検討する

　グラフの出典として「総務省国勢調査のデータをもとに作成」とあり，何のデータを使ったのかが明らかにされています。厳密には，さらに「何年の国勢調査なのか，どの調査項目をもとにして，どのように計算して作成したのか」を脚注などで明記しておく必要があります。

　一般に国勢調査のような公的機関のデータは信頼性の高い情報の１つといえます。とはいえ，「女性の社会進出を考えた１組３班」がグラフに加工したわけですから，その過程を考えると信頼度は下がります。

読解方略6　データのサンプル（調査対象）を検討する

　テクスト内に調査対象は記載されていませんが，国勢調査は総務省統計局が日本に常住するすべての人を対象に実施する大規模調査なので，公平かつ十分な数のサンプルを集めたデータであると信じてよいでしょう。「公文書偽造」などの昨今の事件を踏まえると，「公的機関のデータなら信頼できる」と無条件に信頼することはできませんが，ここでは不問としておきます。

読解方略7　データの調査方法を検討する

　2023年現在の話をするのに，最新のデータが2006年というのは古すぎます。2006年と2023年では状況が変化している可能性があるからです。「古いデータなので現状を示す根拠として本データは信頼することはできない」と断言してよいでしょう。十年一昔とは言いましたが，現在の社会変化のスピードはそれよりもずっと速くなりました。データの新しさを一律に決めることはできませんが，およそ5年前を目途にするとよいでしょう。

読解方略8　データの算出方法を検討する

　本文に「18〜25歳の女性の労働力率」とありますが，なぜ調査対象全体のデータではなく，一部の年齢のデータを使用したのでしょうか。その根拠が乏しい場合は，発信者にとって「都合のよいデータだけを切り取っている」可能性を指摘することができます。あるいは，日本女性全体のデータとして，あえて「18〜25歳」を抽出したならば，「代表値として適切ではない」という指摘もできます。

　また，調査年について，「1960年，1970年，2006年」と，不自然に間隔が飛んでいます。これに対しても，不都合な情報が切り取られているのではないかと指摘してもよいでしょう。

読解方略9　外部の要因を検討する

　「18歳〜25歳の女性の労働力率」が下がった要因として，発信者は「女性の社会進出の遅れ」を指摘しています。この主張が合理的であるかを吟味するためには，テクストで扱われていない情報による，別の理由が考えられないかを検討します。例えば，「18歳〜25歳の女性が労働していないとしたら，何をしているのか」を推論してみましょう。「専業主婦」「学生をしている」「引き籠もっている」「放浪している」などが思い当たります。こう考えると，「18歳から25歳の女性に学生の割合が増えたことが，労働力率の低下として表れている」という可能性もあるわけです。これは，次の「読解方略10」につながる問題です。

＜テキストとデータの関係に着目する＞

読解方略10　データ作成者とテクスト発信者の関係を検討する

　グラフは「総務省国勢調査のデータをもとに作成」と明記されています。プロセスが明記されているのはよいことですが，グラフに加工する過程でデータが正確に引用されたかどうかは，出典にあたらないと確認できません。

　次に，引用したデータが，テクスト発信者の主張を支える十分な根拠となりうるかについて，考えてみましょう。一般的に女性の社会進出が進むと女性の労働力率は上がると思われますの

で，グラフの「18歳～25歳の女性の労働力率」は下がっていて，「社会進出状況が悪化している」といえそうです。しかし，先に述べたように，「18歳～25歳の女性の労働力率」が下がった理由として，大学や大学院に進学する女性が増えた可能性があり，このような女性の多くは卒業後に就職すると考えられます。したがって，「女性の社会進出が遅れていること」を主張する根拠として，このデータでは不十分だといえるでしょう。

　このように，「情報の信憑性を評価して読む作業」は，〈混成型テキスト〉のさまざまな要素に着目しながら多角的に検討することが可能です。慣れるまでは，本書の配列に沿って，読解方略を1つ1つ虱潰しに活用しながら，データとテキストを評価していくとよいでしょう。

　なお，本書のエクササイズでは，子どもが1回に1つの方略に意識を向けられるように，できるだけシンプルにわかりやすく伝わるであろう方略を1つ選んで，解説を載せています。そのため，エクササイズを先にご覧になった読者の中には，教材の解説とは別の方略からのアプローチが可能だと思われた方もあるでしょう。それは間違いではなく，本項で説明してきたとおり〈混成型テキスト〉の読解では，テクストの何を検討するかによってさまざまな信憑性の評価をくだすことが可能です。つまり「読解方略の方略2でも方略3でも信憑性の評価が可能である」ということです。エクササイズの説明については，70頁からの「教師用解説」も参照してください。

第4章 | 読解方略を使って批判的思考力を高めるエクササイズ

　「情報の信憑性」を評価するための読解方略10（18-19頁参照）について，1つずつ体験しながら学べるエクササイズを開発しました。

　右の表は，本書に収録したエクササイズを一覧にしたものです。左列がおもに「小学校高学年以上向け」，右列がおもに「中学生以上向け」ですが，実施の判断については，子どもたちの実態に基づいて読者が行ってください。

　また，エクササイズで扱う情報には，新しさ（即時性）が重視されるものもあります。必要に応じて内容は変更してご活用ください。

　エクササイズは，本書のサポートページからダウンロードすることも可能です。本書のサポートページには，書籍に集録しきれなかったエクササイズも掲載しています。

| URL | http://www.toshobunka.co.jp/books/critical/critical.php |
| パスワード | thinking |

　エクササイズは教材（ワークシート）形式で提示し，特別な説明がなくても実施できるように工夫しましたが，詳細について知りたい場合は，第5章（エクササイズの展開例）と第6章（いつエクササイズを実施するか）を参照してください。また，70頁には各エクササイズについての「教師向け解説」を設けています。

本書のエクササイズ一覧

読解の前提
0 消費税引き上げのニュース　　　→ 28 頁
同じ世論調査の結果なのに，記事によって伝え方が違うのはなぜ？
発信者の立場や意図によって，データの解釈が異なるケースがあることに気づく

方略1　テクスト発信者（所属・属性・これまでの発信内容・媒体等）を検討する	
1 プランターの色と成長速度　→ 30 頁	**2 元野球選手の教育論**　　　　→ 32 頁
発信者が不明な記事。	有名な元野球選手のブログ記事。
たくさんの色のプランターが売れて得をするのはだれ？	スポーツ以外の話題だけど，説得力あるよね？

方略2　テクスト内のタイトルを検討する	
3 防災ポスター　　　　　　　　→ 34 頁	**4 最も売れた曲ベスト5**　　　　→ 36 頁
役に立つ情報を伝えてくれるポスターだけど，	1年間で，カラオケで最も歌われた5曲，
「地震にそなえよう」というタイトルには違和感が？	「最も売れた曲ベスト5」と呼ぶのは問題なし？

方略3　使用されている用語を検討する	
5 読書のアンケート　　　　　　→ 38 頁	**6 ウォーキングでレッツ健康**　　→ 40 頁
低学年より高学年の読書量が少ないなんて！	ウォーキングは健康によさそうだけど，
ところで「たくさん読んだ」ってどういうこと？	8割の人が「体調がいい」なんて本当かな？

方略4　テクストの表現を検討する	
7 魔法のサプリメント　　　　　→ 42 頁	**8 引退のニュース**　　　　　　　→ 44 頁
効果抜群，価格もお得なサプリメント？	テニス界のスター選手が引退？
買物で失敗しないために着目すべきポイントは……。	最後まで記事を読んでわかったことは……。

方略5　データの出典の表記を検討する	
9 逆立ちとおもしろさの関係　　→ 46 頁	**10 人気の携帯会社**　　　　　　→ 48 頁
運動クラブに入って逆立ちを練習する？	みんなが選んでいるのは A 社のスマートフォン？
「秘密の調査団・スポーツ Z」って，もしかして……。	データの出典がわかれば，もっと信頼できるのに……。

方略6　データのサンプル（調査対象）を検討する	
11 宿題まとめサイト　　　　　→ 50 頁	**12 サッカー選手人気ランキング**　→ 52 頁
宿題にかかる時間は，9割が1時間以内だって！	1つのチームから7人もランクイン？
でも，これって何年生の話かな？	調査場所を見て気づいたことは……。

方略7　データの調査方法を検討する	
13 春のお楽しみ会　　　　　　→ 54 頁	**14 清潔検査のアンケート**　　　→ 56 頁
みんなが作りたいのはクリスマスケーキ？	「健康を守るため」と言われたら反対しにくいな。
いつ，どのように調査されたか確かめる必要に気づく	質問の仕方が，回答に影響するケースに気づく

方略8　データの算出方法を検討する	
15 めざせ，二重跳び名人級　　→ 58 頁	**16 天候別のドライブのリスク**　→ 60 頁
100回以上をめざしていたのに，92回でも名人級？	雨の日より，晴れの日ドライブが危険？
データの基準値が変わるケースがあることに気づく	単位量あたりで比較する必要があるケースに気づく

方略9　外部の要因を検討する	
17 カードゲームの大流行　　　→ 62 頁	**18 満点塾のテスト結果**　　　　→ 64 頁
カードゲームの大流行にはアニメのヒットの影響が！	点数が下がってキャンプはおあずけ？　でも，スミ
でも，本当に理由はそれだけ？？？	レ校全体の平均もなんだか低いような……。

方略10　データ作成者とテクスト発信者の関係を検討する	
19 ももの収穫量レポート　　　→ 66 頁	**20 自転車事故に気をつけよう**　→ 68 頁
資料の写し間違いで，大間違いの危機！？	事故が増えているなら，保険に入ったほうがいいよね。
正確に引用することの大切さに気づく	でも，件数ではなく割合のデータなのはどうして？

＼ エクササイズの紙面ガイド ／

全21のエクササイズ（28-69頁）はすべて，登場人物（タッケルンファミリー）たちによるストーリー仕立て。ストーリーを追いながら，楽しく批判的思考力をはぐくむことができます。

エクササイズの対象

1つのスキルについて，それぞれ【小学生高学年～】と【中学生～】を用意しています（難易度別）。

子どもの考えを促すヒント

子どもの実態に応じて活用してください。

子どもの記入欄

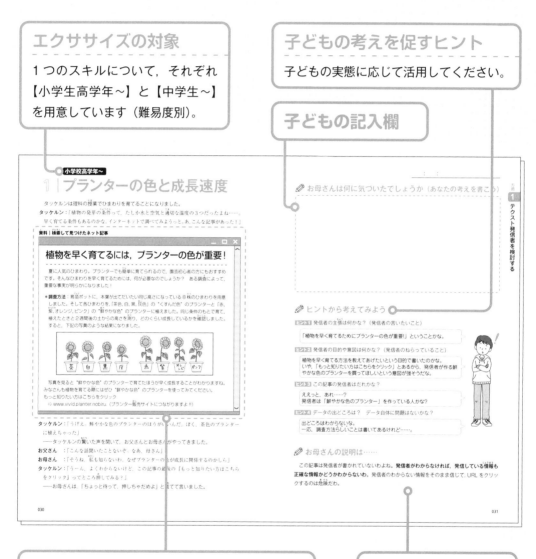

エクササイズで読み取る，リアリティのある架空の資料

新聞，雑誌，Webの記事のほか，児童生徒作成の資料など。資料で扱うデータもすべて架空の数字を使っていますが，現実の傾向に合わせています。

子ども向けの解説

教師向けの詳しい解説も70頁～に掲載しています。

＼ タッケルンファミリー紹介 ／

虹の国／ひばり地方／すみれ市で暮らす４人家族。

タッケルン

すみれ小学校５年生。
好奇心旺盛で、何事にも一生懸命取り組む。
でも算数はちょっぴり苦手。
お父さんのスマートフォンを借りて動画を見るのが最近の楽しみ。
意外とインドア派。

ププルン

すみれ中学校３年生。
面倒見がよく、後輩や弟（タッケルン）に慕われている。
受験に向けて塾に通いながら吹奏楽部の活動もがんばっている。
餃子が好き。

お父さん

お茶目な性格。
少しおっちょこちょいな面もあるが家族に愛されている。
日曜日に家族みんなでおでかけすることを楽しみにしている。
ドライブ、キャンプ、野球が好き。

お母さん

しっかり者で頼りになる。
スポーツ全般が好きで、特にテニスが好き（自分でするのも，試合を観戦するのも）。
緑の多いひばり地方での暮らしを気に入っている。

＼ 実施にあたっての留意点 ／

- 子どもの実態に応じて，資料で扱う事物を変更してご活用ください
  （例：曲名を扱うエクササイズで，子どもたちに流行りの曲名に変更する）
- 年代は，本書製作時（2022 ～ 2023 年）を最新として扱っております。必要に応じて変更してご活用ください。

⓪｜消費税引き上げのニュース

　少子高齢社会である虹の国では，社会保障費※の財源を確保するため，消費税を 10％から 15％へ引き上げる案が出されました。タッケルンがインターネットで調べていると，記事を 2つ見つけました。

※社会保障費とは，年金，医療，介護，子ども・子育てなどのための支出金のこと

資料｜検索して見つけたネット記事①

　　若者にもわかる！　なるほどネット　　**消費税 15％へ引き上げ**

　いま最も国民の関心を集めているのが，消費税引き上げの問題です。1月の国会で提出された増税案について，政府の統計調査局が世論調査を行いました（調査は2月9日から3日間，全国の 18 歳以上の有権者（無作為抽出）2,146 人を対象に，増税案に賛成・反対・やむを得ないの3択で回答）。

消費税引き上げ案について

賛成 12	やむを得ない 61	反対 27

0%　　20%　　40%　　60%　　80%　　100%

　グラフより，「賛成」「やむを得ない」を選択している人は 73％とわかります。医療や子育てなどの社会保障費を確保するために，増税に納得している人が多いのでしょう。増税について賛否ありますが，将来，虹の国の国民が幸せに暮らせるように一致団結すべきでしょう。

資料｜検索して見つけたネット記事②

　　ネット新聞　　**「増税は景気がよくなってから」胸の内を語る**

　社会保障費が増加している虹の国では，消費税を 15％へ引き上げる案が出されています。統計調査局が行った世論調査（2月9日から3日間，全国の 18 歳以上の有権者（無作為抽出）2,146 人を対象に，消費税引き上げについて，賛成・反対・やむを得ないの選択肢から回答）では，賛否が分かれました。

消費税引き上げについて

賛成 12	やむを得ない 61	反対 27

0%　　20%　　40%　　60%　　80%　　100%

　「やむを得ない」と回答した人の中には「将来増税することはやむを得ないが，不景気のいまは苦しい」「やむを得ないとは思うが，私たち年金生活者は収入がないため，増税すると大変困る」など悲痛な声をあげる人もいました。政府は，慎重な検討と，国民への丁寧な説明をする必要があるでしょう。

　　——タッケルンはこの2つの記事の違いに驚き，お母さんに見せました。

タッケルン：「ぼくは増税してほしくないから，ネット記事②に賛成だな。ネット記事①はなんか変だと思うんだよね。あやしい気がする。どこか間違っているよ」

　　——それを聞いたお母さんは，「ちょっと待って。もう一度よく読んでごらん」と話しました。

＿＿＿＿＿＿＿＿＿＿＿ ：　：

✎ **お母さんは何に気づいたでしょうか（あなたの考えを書こう）**

✎ **ヒントから考えてみよう**

ヒント1 発信者の主張は何かな？（発信者の言いたいこと）

> 記事①は，「増税に納得している人が多いし，国民が幸せに暮らせるよう一致団結すべき（増税に賛成）」ということかな。記事②は，「増税で困る人がいるし，慎重な検討が必要（増税に反対）」という主張かな。

ヒント2 発信者の目的や意図は何かな？（発信者のねらっていること）

> 記事①の意図は，「長いスパンで将来のために増税を前向きに考えませんか」ということかな。記事②の意図は「いま生活に困っている人のことをもっと考えませんか」ということかな。

ヒント3 データの出どころは？　データ自体に問題はないかな？

> 出どころは統計調査局で，どちらの記事も同じ調査結果を取り上げているね。統計調査局のホームページを確認したところ，データに問題はなさそうだ。

ヒント4 主張や目的・意図とデータの関係はどうかな？

> 同じデータを取り上げているのに2つの記事で主張していることは正反対だ。ぼくは増税に反対だから，記事①がおかしいと思ったんだけど……。

✎ **お母さんの説明は……**

　同じ話題について書かれた記事を読み比べてみたことはよいことよ。2つの記事は，統計調査局が行った同じ世論調査の結果を取り上げているのに，なぜ主張が違っているのかしら。

　記事①は「やむを得ない」を「賛成」の立場でまとめているわね。記事②からもわかるように，「やむを得ない」の中にも悲痛の声があって「賛成」とまとめてしまうのは適切ではないわ。

　一方記事②は回答者の悲痛な声を取り上げて，消費税引き上げに反対の立場を強調しようとしているわ。一部の声を取り上げて，全体の主張のように書くのも適切ではないわよね。

　つまり，同じ調査結果も切り取り方次第で，どちらの主張にも使えるということよ。発信者の主張がどんな内容で，どういう目的・意図でデータを使おうとしているか考える必要があるのよ。

1│プランターの色と成長速度

タッケルンは理科の授業でひまわりを育てることになりました。

タッケルン：「植物の発芽の条件って，たしか水と空気と適切な温度の３つだったよね……。
早く育てる条件もあるのかな。インターネットで調べてみようっと。あ，こんな記事があった！」

資料│検索して見つけたネット記事

植物を早く育てるには，プランターの色が重要！

　　夏に人気のひまわり。プランターでも簡単に育てられるので，園芸初心者の方にもおすすめ
です。そんなひまわりを早く育てるためには，何が必要なのでしょうか？　ある調査によって，
重要な事実が明らかになりました！

＊**調査方法**：育苗ポットに，本葉が出てだいたい同じ高さになっている８株のひまわりを用意
しました。そして各ひまわりを，「茶色，白，黒，灰色」の"くすんだ色"のプランターと「赤，
紫，オレンジ，ピンク」の"鮮やかな色"のプランターに植えました。同じ条件のもとで育て，
植えたときと２週間後の土からの高さを測り，どのくらい成長しているかを確認しました。
すると，下記の写真のような結果になりました。

　　写真を見ると"鮮やかな色"のプランターで育てたほうが早く成長することがわかりますね。
みなさんも植物を育てる際にはぜひ"鮮やかな色"のプランターを使ってみてください。
もっと知りたい方はこちらをクリック
　⇨ www.vivid.planter.nobiru.（プランター販売サイトにつながりますよ!!）

タッケルン：「うげえ。鮮やかな色のプランターのほうがいいんだ。ぼく，茶色のプランター
に植えちゃった」

──タッケルンの驚いた声を聞いて，お父さんとお母さんがやってきました。

お父さん　：「こんな話聞いたことないぞ。なあ，母さん」

お母さん　：「そうね，私も知らないわ。なぜプランターの色が成長に関係するのかしら」

タッケルン：「うーん，よくわからないけど，この記事の最後の『もっと知りたい方はこちら
をクリック』ってところ押してみる？」

──お母さんは，「ちょっと待って，押しちゃだめよ」と慌てて言いました。

✏️ お母さんは何に気づいたでしょうか（あなたの考えを書こう）

```
┌ ─ ─ ─ ─ ─ ─ ─ ─ ─ ─ ─ ─ ─ ─ ─ ─ ─ ─ ─ ─ ┐
│                                         │
│                                         │
│                                         │
│                                         │
│                                         │
│                                         │
│                                         │
└ ─ ─ ─ ─ ─ ─ ─ ─ ─ ─ ─ ─ ─ ─ ─ ─ ─ ─ ─ ─ ┘
```

✏️ ヒントから考えてみよう

ヒント1 発信者の主張は何かな？（発信者の言いたいこと）

「植物を早く育てるためにプランターの色が重要!」ということかな。

ヒント2 発信者の目的や意図は何かな？（発信者のねらっていること）

植物を早く育てる方法を教えてあげたいという目的で書いたのかな。
いや，「もっと知りたい方はこちらをクリック」とあるから，発信者が作る鮮やかな色のプランターを買ってほしいという意図が強そうだな。

ヒント3 この記事の発信者はだれかな？

ええっと，あれ……?
発信者は「鮮やかな色のプランター」を作っている人かな？

ヒント4 データの出どころは？　データ自体に問題はないかな？

出どころはわからないな。
一応，調査方法らしいことは書いてあるけれど……。

✏️ お母さんの説明は……

　この記事は発信者が書かれていないわよね。**発信者がわからなければ，発信している情報も正確な情報かどうかわからないわ。**発信者のわからない情報をそのまま信じて，URL をクリックするのは危険だわ。

2 | 元野球選手の教育論

ある晩，野球好きのお父さんが，元プロ野球選手・モッキー氏のブログを読んでいました。

資料 | モッキー氏のブログ記事

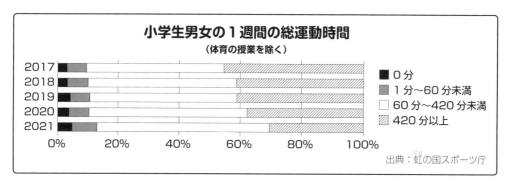

モッキーの野球部屋
〜元プロ野球選手のつぶやき〜

いじめは運動不足が原因だった

2022/10/30　#運動　#教育　#いじめ　#子育て

　近年，いじめに関するニュースをよく目にします。悲しいことです。1985〜2010年頃までは10万件程度だったのに対し，現在は年間61万件ほどいじめが報告されているそうです。

　私は，いじめ増加の原因が子どもの運動不足にあると思うのです。私自身は野球少年でしたから，毎日体を動かしていました。そのおかげでストレス発散もできていたように思います。

小学生男女の1週間の総運動時間
（体育の授業を除く）

2017
2018
2019
2020
2021

0%　20%　40%　60%　80%　100%

■ 0分
▨ 1分〜60分未満
□ 60分〜420分未満
▨ 420分以上

出典：虹の国スポーツ庁

　ご覧のとおり，現代の子どもは運動不足の傾向にあり，その分ストレスが溜まっているのです。そのストレスを，だれかをいじめることで発散させているのでしょう。いま一度，運動不足の問題を見直し，子どもたちがいじめのない生活を送れるようにすべきだと私は考えます。

お父さん：「なるほどなー。たしかにお父さんが子どもの頃は，外でみんなと遊んで体を動かしていたから，いじめなんてほとんどなかったと思うなあ」

ププルン：「運動量は減っているかもしれないけど，それがいじめに関係あるのかな？」

お母さん：「ちょっと単純に考えすぎていないかしら……あら！　ちょっと，よく見て……」

✐ お母さんは何に気づいたでしょうか（あなたの考えを書こう）

✐ ヒントから考えてみよう

ヒント1 発信者の主張は何かな？（発信者の言いたいこと）

> 「いじめは運動不足が原因だった」ってことだよね。

ヒント2 発信者の目的や意図は何かな？（発信者のねらっていること）

> いじめを何とかして減らしたいということかな。
> それから，ブログを多くの人に読んでほしいという意図もありそう。

ヒント3 データの出どころは？　データ自体に問題はないかな？

> 出どころは虹の国スポーツ庁だね。スポーツ庁の HP を確認してみると，
> たしかにこのデータが載っているよ。データ自体に問題はなさそう。

ヒント4 このブログはだれが書いているのかな？

> ブログを書いたモッキーさんって元プロ野球選手だったよね。
> 野球選手ってことは，教育の専門的な知識は……。

ヒント5 主張や目的・意図とデータの関係はどうかな？

> このデータではいじめと運動不足の因果関係まではわからないね。

✐ お母さんの説明は……

　このブログを書いたモッキーさんは元プロ野球選手で，教育の専門家ってわけではないわよね。**その分野の専門家ではない人が発信している情報を鵜呑みにするのは危険だわ。**

　もちろん，モッキーさんは自分がこれまで受けてきた教育や，自身の子育ての経験などを思い返しながら，このブログを書いていると思うよ。だけど，**「いじめの原因が運動不足にある」という根拠が示されているわけではないし，確からしい主張だとは言えないと思うわ。**

③ 防災ポスター

　タッケルンは，国語の授業で防災ポスターを作ることになりました。早く完成させたいと思い，タッケルンはポスターを家に持ち帰って，続きに取り組みました。

タッケルン：「ふう，やっと終わった。そうだ，せっかくだからお父さんとお母さんにも見てもらおうっと」

資料｜タッケルンが作ったポスター

地震にそなえよう！！

5年1組　タッケルン

　日本で多く発生する地震。ぼくたちの暮らすひばり地方でも，近々大きな地震がやってくるといわれている。そこで，フッジーサキトン著『自然災害と対策①地震・津波・台風』をもとに，すぐにできる，地震に向けた対策を3つ紹介する。

1 家具を固定・移動する
倒れると危ない！

2 植木鉢などを家の中に入れる
風で飛ばされないように！

3 窓を目張りする
窓が割れないように！

お父さん　：「ふむふむ，よく書けているじゃないか。さすがはお父さんの息子だ！」

タッケルン：「えへへ，ありがとう。地震についてたくさん調べたんだ。フッジーサキトンさんが書いた『自然災害と対策①地震・津波・台風』という本を中心にまとめたよ」

お父さん　：「先生もきっとべた褒めだぞお。それにしても，よく考えたらわが家にも倒れたら困るものがたくさんあるなあ。タンスに食器棚に，庭には植木鉢もあったな」

お母さん　：「地震なんていつ起こるかわからないし，タッケルンの言うとおり，事前にそなえておいたほうがいいわね。ええと，うちではどんな対策ができそうかしら。……んん？　タ，タッケルン……！」

✎ お母さんは何に気づいたでしょうか（あなたの考えを書こう）

✎ ヒントから考えてみよう

ヒント1 発信者の主張は何かな？（発信者の言いたいこと）

「地震が起きても大きな被害にならないようにする対策」を伝えたいなあ。

ヒント2 発信者の目的や意図は何かな？（発信者のねらっていること）

ぼくの目的は，国語の授業で作っている防災ポスターを完成させること，そして地震への対策を呼びかけたいということの2つだよ。

ヒント3 データの出どころは？　データ自体に問題はないかな？

出どころはフッジーサキトンさんの『自然災害と対策①地震・津波・台風』という本だね。データ自体に問題はなさそうだ。

ヒント4 地震はいつ起こるかわからないのに「植木鉢」をいつも家の中に入れたり「窓」をずっと目張りしたりしておく必要があるのかな？

言われてみれば，風が強い日にはそうするけど……ってあれ？

✎ お母さんの説明は……

　地震から身を守るための対策を呼びかけるポスターなのに，「風で飛ばされないように」という言葉が出てくるのはおかしくない？　「窓を目張りする」も，地震ではなく台風のときの対策だわ。

　タッケルンがもとにした本は『自然災害と対策①地震・津波・台風』だったわよね。**もしかしたら，このポスターには地震の対策と台風の対策の両方が混ざっているんじゃないかしら。**タイトルと内容が合っていないわよ。

4 | 最も売れた曲ベスト5

今年も終わりに近づいたある日，ププルンは購読している雑誌でこんな記事を見つけました。

資料｜若者向け情報誌「Rin★Rin（Web版）」の記事

Rin★Rin　12月号

- -

♪♪ 2022年　最も売れた5曲を発表 ♪♪

SHOW☆タロー（音楽ジャーナリスト）

　今年も多くのヒット曲が，多くの人の心に響き，口ずさまれました。今年の締めくくりに，2022年に最もカラオケで歌われた曲ベスト5を見てみましょう！

　（調査方法：2022年1月1日〜12月7日までに全国のカラオケ店9,500店舗で歌われた曲，述べ230,615曲を集計しランキング化。カラオケDNA調べ）

第1位	Lemonade／米澤玄人
第2位	優しい悪魔のアンチテーゼ／高田優子
第3位	大きな愛のうた／MOMONGA999
第4位	焚火／SiLA
第5位	朝に出かける／YOFUKASHI

　ベスト5の曲を見ると，さまざまな年代のアーティストの曲がランクインしていますね。来年はどんなヒットソングが誕生するのでしょうか。2023年も聴く人に元気や勇気を与える曲がたくさん生まれてほしいですね。

お母さん：「へぇー。今年一番売れた曲は『Lemonade』なんだ」

お父さん：「たしかにあの曲はいい曲だよなぁ，お父さんも歌えるぞ。聴かせようか？」

ププルン：「う，うん。あとでね。あれっ，2位と3位の曲，私知らないなぁ」

お母さん：「あら，2位の『優しい悪魔のアンチテーゼ』，知らない？　いい曲よ。お母さんが小さい頃のアニメの主題歌だったの。歌っている人の声がまたいいのよね」

ププルン：「へぇー。あれっ，YOFUKASHIの『朝に出かける』は5位なんだね。あの曲，学校でも人気でみんな歌ってたけどなぁ」

お父さん：「お，その曲は父さんも知ってるぞ。……うん？　そう言われると，何か変だな」

──お父さんはそう言って，しばらく雑誌の記事を読んでいました。

お父さん：「ははーん。なるほどね，ププルン，よく記事を読んでごらん……」

✎ お父さんは何に気づいたでしょうか（あなたの考えを書こう）

✎ ヒントから考えてみよう

ヒント1 発信者の主張は何かな？（発信者の言いたいこと）

「2022 年で最も売れた曲ベスト 5 はご覧のとおりです」ってことだね。

ヒント2 発信者の目的や意図は何かな？（発信者のねらっていること）

こういった情報を楽しんでほしいということかな。それから，多くの情報を紹介するこの雑誌を購読してほしいということかも。

ヒント3 データの出どころは？　データ自体に問題はないかな？

データ自体に問題はなさそうだね。あれ，でもデータは「全国のカラオケ店 9,500 店舗で歌われた曲，述べ 230,615 曲を集計」となっているよ。記事のタイトルは「2022 年　最も売れた 5 曲を発表」だけど……。

✎ お父さんの説明は……

　記事のタイトルは「2022 年　最も売れた 5 曲を発表」だけど，記事の内容は「2022 年にカラオケで最も歌われた 5 曲」について書かれているだろ？
　一般的に「売れる」という言葉は「たくさん買われた」という意味だけど，カラオケでよく歌われた＝世に広まったという意味で「売れた曲」というタイトルをつけたのかもしれないな。こういう食い違いを，「齟齬がある」というんだ。**タイトルと内容や，書き手と受け手との間に齟齬がないかどうか確かめたほうがいいね。**

5 | 読書のアンケート

ある日，タッケルンはランドセルいっぱいに本を詰めて帰宅しました。

お母さん :「おかえり。あら，こんなにたくさんの本を持って帰ってきて，どうしたの？」

タッケルン :「うん，今日はたくさん本を読もうと思ってね」

そう言って，タッケルンは学校で配られたプリントをお母さんに見せました。

資料｜学校で配られた図書委員会だより

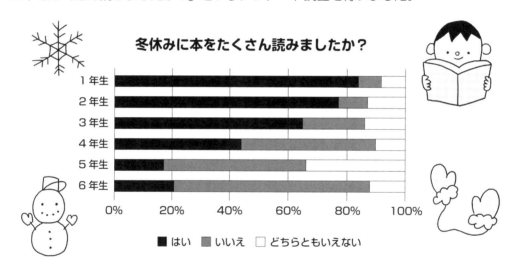

タッケルン :「ぼくたち5年生は来年最上級生になるし，下の学年の手本になるように本を借りたんだよ」

お母さん :「なるほど。本を読むのはとってもよいことね。でもタッケルン，冬休みも図書館に行って本を借りて読んでいたと思ったけど……」

——お母さんはプリントをもう一度読みました。すると，あることに気づきました。

✏️ **お母さんは何に気づいたでしょうか（あなたの考えを書こう）**

✏️ **ヒントから考えてみよう**

ヒント1 発信者の主張は何かな？（発信者の言いたいこと）

> 「高学年のみなさんは本をたくさん読みましょう」ということだね。

ヒント2 発信者の目的や意図は何かな？（発信者のねらっていること）

> 図書室から本をたくさん借りてほしいという目的があるんだろうな。

ヒント3 データの出どころは？ データ自体に問題はないかな？

> 出どころは図書委員会のアンケート調査だね。「たくさん読みましたか?」という質問への回答が反映されていると思うけれど……。
> あれ，でも「たくさん」って，どれくらいのことだろう？

ヒント4 主張や目的・意図とデータの関係はどうかな？

> 「あまり本を読んでいない高学年は本を読みましょう」って主張だけど，データから「高学年があまり本を読んでいない」って本当に言えるかな？

✏️ **お母さんの説明は……**

　図書委員会は，本を「たくさん」読んだかどうかについて調査したのね。でも，「たくさん」って何を指すのかしら？　本の冊数の場合もあれば，読書した時間や回数の場合もあるんじゃない？　それに，「たくさん」の基準も人によって異なるわ。

　「たくさん」という用語が何を指すのかわからないし，「たくさん」の基準が示されていない以上，「高学年は本を『たくさん』読んでいない」とは言えないんじゃないかしら。

6 | ウォーキングでレッツ健康

ある朝の出来事です。ププルンが早起きをして，出かけようとしています。

お父さん：「ふわぁぁ……。おはよう，ププルン。今日は休みなのに早起きだな。どうした？」

ププルン：「おはよう，お父さん。実は昨日，こういう記事を見つけたの」

資料｜すみれ市広報誌の記事

みんなで健康！ 毎朝のウォーキング！

　みなさん，最近，体調はいかがですか？　気温の寒暖差が激しい時期で，体調を崩しがちな人もいるのではないでしょうか。そんな人に朗報です！

　すみれ市ウォーキングクラブが，毎日ウォーキングをしている人250人に「最近の体調はどうですか？」というアンケート調査をしました。その結果は次のとおりとなりました。

回答内容	体調がいい	変わらない	体調を崩し気味
割合	78%	15%	7%

調査：すみれ市ウォーキングクラブ

　毎日ウォーキングをしている人の約8割が「体調がいい」と回答しています。健康のために，ウォーキングは重要な役割を果たしているようですね。

みんなでウォーキングをして，朝活！　健康な体をつくりませんか？

すみれ市ウォーキングクラブ代表：テクリン（電話○○○○○）

お父さん：「おお！　これはすごい！　よし，お父さんも一緒に行くぞ！」

お母さん：「あら，二人ともこんなに朝早くからどうしたの？」

ププルン：「お母さん，おはよう。こんな記事を見つけて，これからウォーキングに行くの」

お母さん：「ウォーキング？　どれどれ……。うーん，二人とも，朝からウォーキングするのはよいことだけれど，記事を信じすぎじゃないかしら。これは……」

✏️ **お母さんは何に気づいたでしょうか（あなたの考えを書こう）**

✏️ **ヒントから考えてみよう**

ヒント1 発信者の主張は何かな？（発信者の言いたいこと）

> 「ウォーキングをして，健康な体をつくりましょう」ということだね。

ヒント2 発信者の目的や意図は何かな？（発信者のねらっていること）

> 「すみれ市ウォーキングクラブに入って一緒に歩きませんか」ってことかな。

ヒント3 データの出どころは？　データ自体に問題はないかな？

> ひとまず，ウォーキングクラブのデータを信頼するとして……。

ヒント4 主張や目的・意図とデータの関係はどうかな？

> 「健康のためにウォーキングが効果的」って主張だけれど，回答した人はいつからウォーキングを始めたのかな？
> そもそも，体調の悪い人はウォーキングをするのかな？

✏️ **お母さんの説明は……**

　質問の「最近の体調はどうですか？」の「最近」がいつのことかわからないわ。例えば1カ月前から体調のよい人は，このアンケートで「体調がいい」と回答したのかしら，それとも「変わらない」を選んだのかしら。体調を崩し気味の人も同じように考えることができるわね。

　つまり，**このアンケートの回答は「体調がいい」「変わらない」「体調を崩し気味」の定義があいまいで，ウォーキングとの関連がはっきりしないのよ。**だから，「ウォーキングで健康になる」という結論をこのアンケートだけで断言できるとは言いがたいわね。

7 | 魔法のサプリメント

　タッケルンがお父さんのタブレットで動画を見ていたところ，ある製薬会社の動画広告が目に飛び込んできました。商品が気になったタッケルンは広告ページにアクセスし，お父さんに見てもらいました。

資料｜動画視聴中に出てきたネット広告

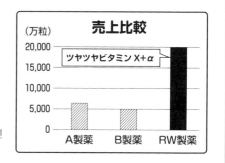

RW 製薬　　ご利用ガイド　よくあるご質問　注文履歴　　　　［商品名・キーワードで探す 🔍］

飲むだけでツヤツヤ美肌に！
ニキビよ，さようなら！！

もともと乾燥肌で肌が荒れやすいぼく。
最近は顔のニキビが増えてきた……。
しかし，そんなぼくを見かねた友人が勧めてくれたこのサプリメント

「ツヤツヤビタミンX＋α」

美肌効果マックスのビタミンCが，な・な・なんと1個 100mg も入った優れもの！！

全世界で売れたあの美肌サプリが
虹の国に初上陸！！

そしてなんと売れに売れて全世界で
累計販売**2億粒突破**[1]！！！

美肌サプリを販売している有名A製薬や
B製薬の商品よりも多く売り上げているのは一目瞭然！
実は，あの**人気俳優MT**も愛用していたらしい！

そしてそしてなんといまならたっぷり 200 粒入ってたったの初月 **1,500 円**[2]〜！！！
君もツヤツヤな美肌人生を 1,500 円から始めてみないかい！！！？？？

（万粒）　**売上比較**
20,000
15,000　ツヤツヤビタミン X+α
10,000
5,000
0　　A製薬　B製薬　RW製薬

※1 1982〜2022 年までの総販売数（なぎの国，光の国での売り上げ）。　※2 翌月から 3,000 円。契約後は自動継続となります。

タッケルン：「ぼくも最近，ニキビが出てきて気になってたんだよね。サプリなんて飲んだことないけど，本当に効果あるのかな」

お父さん　：「なぬっ！　こんな魔法のようなサプリがあるのか！　タッケルンの時代に生まれたかった……。全世界で2億粒も売れているなら，けっこう信頼できる商品なのかもな！」

お母さん　：「何の話ー？　ふむふむ，こんな商品があるのね。……ん？　ちょっと待って！」

✏️ **お母さんは何に気づいたでしょうか（あなたの考えを書こう）**

✏️ **ヒントから考えてみよう**

ヒント1 発信者の主張は何かな？（発信者の言いたいこと）

> 「ツヤツヤビタミンＸ＋α」を飲むと，お肌がツヤツヤになるってことだね。

ヒント2 発信者の目的や意図は何かな？（発信者のねらっていること）

> 「ツヤツヤビタミンＸ＋α」を買ってほしいという目的がありそうだ。

ヒント3 データの出どころは？　データ自体に問題はないかな？

> この会社のデータだから，ちょっと判断しようがないなぁ。

ヒント4 文字の大きさで気になることはないかな？

> 大きくなっている文字や小さくなっている文字があるぞ。

ヒント5 意味のわからない言葉はないかな？

> 「累計」って何だかよくわからないなぁ。

✏️ **お母さんの説明は……**

　この広告は，「全世界で累計販売2億粒突破」という結果（データ）や「初月1,500円」という手頃そうな値段設定から商品のアピールをしているでしょ。でもね，**「全世界」**と言いつつ，**「なぎの国」**と**「光の国」**でしか販売していないよ。それに，「累計販売2億粒突破」と言っても「1982～2022年」の40年間というかなり長期間の結果だね。さらに小さい文字で**「翌月から3,000円となります。契約後は自動継続となります」**とあるのも注意が必要よ。商品の効果はわからないけど，巧妙な表現で売り上げを伸ばそうとしている広告だと思うわ。

8 | 引退のニュース

ある日，ププルンが何気なくニュースアプリを見ていると，こんなニュースを目にしました。

資料｜ニュースアプリで目にとまったニュース記事

プロテニスプレイヤー
キビン選手「引退を決断……」

2022年7月19日 18：00　🖉 kuromame 通信

　テニス世界大会でも優勝経験のある虹の国プロテニスプレイヤー・キビン選手は先日の全虹 OP での怪我を受け，今後の方針を語る記者会見を開いた。

　キビン選手：「この前の大会で怪我を負ってしまい，引退を決断せざるを得ない状況だった」

　キビン選手はこのように述べ，今後の活動に不安を抱いている。「引退」という言葉が出てきていることからも，その怪我の深刻さがうかがえるだろう。彼のファンからも心配の声が続々と上がっている。

　その後の会見では「リハビリ次第では復帰の可能性もある」と述べている。

　今後のキビン選手の動きに目が離せない。

(kuromame 通信をフォロー▼)

ププルン：「お父さん，あのキビン選手が引退だって！」

お父さん：「本当か？　そういえばこの前の大会で怪我をしたって聞いたなぁ」

お母さん：「え？　まさか……！　お母さん，キビン選手のこと若い頃からずっと応援していたのよ，悲しいわ。ププルン，ニュースをよく見せて」

　——ププルンはスマートフォンをお母さんに渡しました。ニュースを読んだお母さんは，「もう，ププルン，驚かせないで」と言いました。

✏ **お母さんは何に気づいたでしょうか（あなたの考えを書こう）**

✏ **ヒントから考えてみよう**

ヒント1 発信者の主張は何かな？（発信者の言いたいこと）

> 「虹の国のテニスプレイヤーのキビン選手の情報を伝えたい」ということ
> だね。

ヒント2 発信者の目的や意図は何かな？（発信者のねらっていること）

> 多くの人が注目する情報を発信して，kuromame 通信をフォローして定期
> 的に見てほしいってことかな。

ヒント3 見出しの「引退を決断……」の「……」にはどんな言葉が続くだろう？

> あれ，ニュース本文にあるキビン選手の言葉を読んでみると，「引退を決
> 断せざるを得ない状況だった」とあるね。

✏ **お母さんの説明は……**

　このニュースは，見出しや写真が目を引くし，本文も引退を示唆するような内容に思われる
けれど，最後までよく読んで。引用されているキビン選手の言葉は「引退を決断せざるを得な
い状況だった」「リハビリ次第では復帰の可能性もある」とあるわ。キビン選手は実際に引退
するわけじゃないみたいよ。

　こんなふうに，見出しが誇張されていたり，写真が目立っていたり，重要な情報が最後に書
かれていたりするニュースも少なくないわ。流し読みすると，早とちりしてしまうことがある
から，気をつけてね。

⑨ 逆立ちとおもしろさの関係

　4月のある日。タッケルンは，今年は何のクラブ活動に入るかを決めるために，各クラブの作ったチラシをぱらぱらと見ていました。すると，1枚のチラシがふと目にとまりました。

資料｜学校で配られた運動クラブの紹介チラシ

逆立ちのできる人はおもしろい人が多い!?

2022.4.20　すみれ小学校　運動クラブ6年生

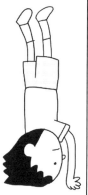

　みなさん，突然ですが，逆立ちはできますか？
　実は，逆立ちができる人には「おもしろい人」が多いのです！！！
　次のグラフは，逆立ちができる人とできない人を対象に，秘密の調査団・スポーツZが調べた結果です。

質問：友達に「おもしろい（人だ）ね」と言われたことがありますか？

ない 18%
ある 82%
逆立ちができる人

ない 66%
ある 34%
逆立ちができない人

出典：秘密の調査団・スポーツZ

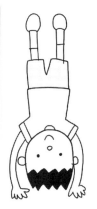

　なんと！　逆立ちができる人は「おもしろい」と言われたことがある人のほうが多く，逆立ちができない人は「おもしろい」と言われたことがない人のほうが多いという結果になりました！「おもしろいね」と言われたいそこのあなた！　ぜひ運動クラブに入って，逆立ちを練習してみませんか？　楽しく体を動かしましょう！

タッケルン：「……よーし！　今年は運動クラブで決まりだ！」
　　──その日の夕方，タッケルンはお父さんと夕ご飯を食べていました。
お父さん　：「タッケルン，5年生のクラブは何に入るんだ？　今年も科学実験クラブか？」
タッケルン：「ううん，今年は運動クラブに入るんだ。お父さん，これ見てよ」
お父さん　：「おおー，運動クラブか！　がんばれよー。しかしだなタッケルン，このチラシ，よく見てごらん。これって……」

✎ お父さんは何に気づいたでしょうか（あなたの考えを書こう）

✎ ヒントから考えてみよう

ヒント1 発信者の主張は何かな？（発信者の言いたいこと）

> 「逆立ちのできる人はおもしろい人が多い」ということだね。

ヒント2 発信者の目的や意図は何かな？（発信者のねらっていること）

> 逆立ちができるようになるために，運動クラブに入ってほしいということかな。

ヒント3 データの出どころは？　データ自体に問題はないかな？

> 出どころは「秘密の調査団・スポーツZ」と書いてあるよ。
> インターネットで検索しても出てこないし，なんだかアヤシイぞ……？

ヒント4 主張や目的・意図とデータの関係はどうかな？

> チラシを作ったのは運動クラブの6年生で，知っている人たちだけれど，データを作ったのは「秘密の調査団・スポーツZ」だ。もしかしたら……。

✎ お父さんの説明は……

　出典に着目してみると，「秘密の調査団・スポーツZ」と書いてあるだろ？　ちょっとアヤシイよな（笑）。**資料を見るときは，出典が書かれていることを確認するだけでなく，出典であるデータ作成者が信頼のおけるところかどうかまで，確認する必要があるんだ。**だれが作ったのかわからないデータは，データそのものの信頼性にも欠けてしまうんだよ。

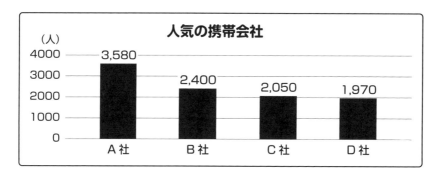

10 | 人気の携帯会社

中学生〜

ププルンのお父さんは，スマートフォンの買い換えを検討しています。どんなスマートフォンがあるのかを調べるため，Webサイトを見ていると，次のネット記事を見つけました。

資料｜検索して見つけたネット記事

スマートフォン評論家 SU-FO のサイト

新しくスマートフォンを購入するなら，A社を選ぼう！

　時期を問わず，スマートフォンを購入しようと考える方は多いはずです。しかし，大手の携帯会社はいくつかあり，どの会社を選ぶか迷う方も多いですよね。今回は，検討の決め手になる，ある調査結果を紹介します。

　新しくスマートフォンを購入する人は，どの携帯会社を選んでいるのでしょうか？１万人を対象に調べたところによると，次のような結果になったそうです。

人気の携帯会社

（人）

A社	3,580
B社	2,400
C社	2,050
D社	1,970

　どうやらA社が他社と比べて，かなり人気のようです！　新しくスマートフォンを購入する予定の方は，ぜひ参考にしてみてくださいね♪

お父さん：「いま，お父さんとお母さんはB社と契約しているけど，A社が人気なんだね。」

ププルン：「この際，お父さんたちもA社に変えたほうがいいんじゃない？」

お父さん：「そうだなぁ。お母さんはどう思う？」

お母さん：「そうねえ。こんなにA社を選ぶ人が多いのなら，A社に乗り換えてもいいかもね。でも，ちょっと待って……？」

——お母さんはサイトをもう一度見返して，あることに気づきました。

✏ **お母さんは何に気づいたでしょうか**（あなたの考えを書こう）

```
┌─────────────────────────────────────────┐
│                                         │
│                                         │
│                                         │
│                                         │
│                                         │
│                                         │
│                                         │
└─────────────────────────────────────────┘
```

方略
5
データの出典の表記を検討する

✏ **ヒントから考えてみよう**

ヒント1 発信者の主張は何かな？（発信者の言いたいこと）

> 「新しくスマートフォンを購入するなら A 社を選ぼう!」ということかな。

ヒント2 発信者の目的や意図は何かな？（発信者のねらっていること）

> スマートフォンを購入するときに役立ててほしいということと，今後もこのサイトを活用してほしいということかな。

ヒント3 データの出どころは？　データ自体に問題はないかな？

> あれ？　1万人に調査したことはわかるけれど，このデータはだれが調査したのか，どんな人たちに何と聞いて調査をしたのかわからないなあ。

ヒント4 グラフの人数は新規購入者だけなのかな？

> グラフには「人気の携帯会社」とあるだけで，新規購入した人なのか，他社から乗り換えた人なのかわからないね。

ヒント5 主張や目的・意図とデータの関係はどうかな？

> もしデータが正確ならば，主張とデータに問題はなさそうだけど……。

✏ **お母さんの説明は……**

　このデータは，だれが調査したのかな。「1万人を対象に調べたところによると……」と書いてあるけど，これでデータの出典がきちんと明記されているとは言えないわ。

　それに，**新しくスマートフォンを購入するというのは，いままで持っていない人の新規購入なのか，買い換えなのか，どちらかしら？**　買い換えだとすると，そもそも A 社との契約数が多い状態で契約を変更しない人が多ければ，A 社が多くなるわよね。どうやら，A 社にするかどうかはもっと調べたほうがよさそうね。

11 | 宿題まとめサイト

　最近，学校の宿題が増え，タッケルンは友達と遊ぶ時間が減っていました。何とか宿題を減らしてもらいたいと思いながら，ネットで検索していると，情報サイトのこんな記事がヒットしました。

資料｜検索して見つけたネット記事

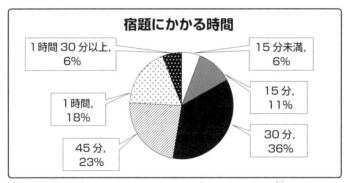

なんでもまとめサイト

- -

〜家庭学習編〜

2022.9.30
なんでもまとめサイト編集部

　うちのクラスだけいつも宿題が多い！　そう思ったことはありませんか？
　今回は，小学生が宿題を終えるまでの平均的な時間について，まとめてみました。

宿題にかかる時間

- 1時間30分以上，6%
- 15分未満，6%
- 1時間，18%
- 15分，11%
- 45分，23%
- 30分，36%

出典：虹の学習研究所

　このグラフから，宿題にかかる時間で最も多いのは30分くらいとわかります。約9割が1時間以内に宿題を終わらせているようですね。1時間30分以上も行っている人は6%にすぎません。

タッケルン：「やっぱり，ぼくたちの宿題は多いのかもしれないなー。」

お母さん：「こんなこともネットでは調査されているのねぇ。出典の『虹の学習研究所』は，大手学習塾が管理する調査機関ね」

お父さん：「へえ，このサイトによると，タッケルンは1時間30分以上の6%に入るのか。ずいぶんがんばっているじゃないか！　えらいぞ！」

タッケルン：「そういうことじゃなくてー！　このサイトを先生に見せて，宿題を減らしてもらおうと思っているんだ！」

──お母さんは「宿題の量はそれほど多くないと思うけどなー」と言い，記事を読むと，「タッケルン，このサイトを先生に見せても宿題の量は変わらないと思うわ」と言いました。

✏️ **お母さんは何に気づいたでしょうか**（あなたの考えを書こう）

✏️ **ヒントから考えてみよう**

ヒント1 発信者の主張は何かな？（発信者の言いたいこと）

> 「宿題にかかる時間の調査結果はこのとおりです」ということかな。

ヒント2 発信者の目的や意図は何かな？（発信者のねらっていること）

> 宿題について特集して，小学生にもこのサイトを読んでほしいってことが目的かな。

ヒント3 データの出どころは？　データ自体に問題はないかな？

> 出どころは「虹の学習研究所」とあるよ。公的な機関ではないけど，大手の学習塾の調査結果ならまあまあ信じられるかな。

ヒント4 タッケルンが小学1年生のときと，現在（5年生）の宿題量やかかる時間は同じかな？

> あれ，違うな。1年生のときは音読と計算ドリルくらいで，30分もかからなかった。いまは音読と漢字・計算ドリルと自主学習と……って，これって何年生のデータなのかな。

✏️ **お母さんの説明は……**

　この調査だけど，**だれに，どのように調査したのか，何も書いていない**わよ。例えば，1年生と6年生では集中できる時間が違うから，宿題の量が当然変わってくると思うわ。タッケルンだって，1年生のときは計算ドリルをやっていても15分くらいですぐ飽きちゃっていたわよ。**学年によって，宿題の量などが異なるのだから，調査対象は必要な情報**よね。

　まずはどうしたら集中して短い時間で宿題ができるかを考えてみて，それでも大変だったら，先生に相談してみるのはどう，タッケルン？

12│サッカー選手人気ランキング

　スーパーの福引で「プロサッカーリーグ観戦チケット」が当たり，ププルンの家族はみんなでサッカー観戦に行くことになりました。試合の前にサッカーについて検索していると，こんな記事を見つけました。

資料│検索して見つけたネット記事

```
━━━━━━━━━━━━━━━━━━━━━━━━━━━━━━━━━━━━━━━━━━━━━━━━━━━  ─ □ ✕
```

くるみ新聞デジタル　　　　　ログイン　会員登録　[キーワード 🔍]

【最新版】現役サッカー選手 人気ベスト 10

更新日　2022.11.20

順位	選手名	所属チーム	得票
1	ツヨッシー	ガンバーズくるみ	1,238
2	キョウヤ	ガンバーズくるみ	1,077
3	ジョージ	ガンバーズくるみ	925
4	サト	イルベレックスだいず	899
5	ハットリー	ガンバーズくるみ	856
6	マサルン	ガンバーズくるみ	724
7	ケンジー	ガンバーズくるみ	669
8	ヤマト	みどりユナイテッド	634
9	スズッキー	ガンバーズくるみ	592
10	ノリリン	ビガンタずんだ	313

出典　くるみ市観光協会

　上記の表は，「虹の国Rリーグ全20クラブの中で一番好きな選手はだれか」という質問によるアンケート調査の結果である。調査は2022年10月の第15，16，17節の3試合後にガンバーズスタジアムから出てきたファン9,518人を対象に実施した。

　調査結果を見ると，TOP10に「ガンバーズくるみ」の選手が7人ランクインしていることがわかる。中でも人気なのが，ガンバーズくるみでキャプテンを務めるツヨッシー選手。ツヨッシー選手を選んだファンからは，こんな声が届いている。

・ファンサービスがすばらしい。この前，町で見かけて声をかけたら，笑顔で対応してくれました。人間として尊敬します！（30代・男性）

・サッカーをしている姿がかっこいいです。結婚してほしい。（20代・女性）

★くるみ新聞では，ガンバーズくるみの選手情報をたくさん更新しています。

お父さん：「サッカー観戦なんて久しぶりだな。いまはガンバーズくるみの選手が大人気なんだな」

ププルン：「たしか，ガンバーズくるみには虹の国代表選手はいないよね。そこまで強いクラブではないのに，人気があるのはどうしてなんだろう」

お母さん：「やあねえ。人気ランキングって，実力があるから選ばれるんじゃないの？」
　──お母さんが画面をのぞきこみました。そして，「なるほどね」とつぶやきました。

✏️ **お母さんは何に気づいたでしょうか（あなたの考えを書こう）**

```
┌─────────────────────────────────────┐
│                                     │
│                                     │
│                                     │
│                                     │
└─────────────────────────────────────┘
```

✏️ **ヒントから考えてみよう**

ヒント1 発信者の主張は何かな？（発信者の言いたいこと）

「現役サッカー選手人気ランキングは以下のとおり」ってことだね。

ヒント2 発信者の目的や意図は何かな？（発信者のねらっていること）

ガンバーズくるみの選手が人気だと伝えてくるみ市を盛り上げたいのかな。

ヒント3 データの出どころは？　データ自体に問題はないかな？

このランキングを作ったのは……「くるみ市観光協会」だよね。

ヒント4 20クラブあるのに「ガンバーズくるみ」の選手が多すぎないかな？

発信元のくるみ新聞って「ガンバーズくるみ」の地元の新聞社だったよね。データの出どころはくるみ市観光協会で……どちらも「くるみ市」が拠点？

ヒント5 どういった人たちを対象に集めたデータなんだろう？

「ガンバーズスタジアム」ってガンバーズくるみのホームスタジアムだよね？ガンバーズスタジアムに行くのは，ガンバーズくるみのファンかなあ。

ヒント6 主張や目的・意図とデータの関係はどうかな？

主張を支えるデータとしてふさわしくないかも。

✏️ **お母さんの説明は……**

　発信元は「くるみ新聞」で，ランキングの出典は「くるみ市観光協会」って書いてあるわ。**ガンバーズくるみって，くるみ市のサッカークラブでしょ？　それに，「ガンバーズスタジアムから出てきたファン9,518人を対象に」って，書いてあるわよ。**このアンケートは「虹の国Rリーグ全20クラブの中で一番好きな選手はだれか」についてなのだから，全国のスタジアムで調査する必要があるんじゃないかしら。

13│春のお楽しみ会

　タッケルンの学級では，長期休みの前にお楽しみ会があり，お菓子を作ったりゲームをしたりします。タッケルンは次のお楽しみ会に向けて作りたいお菓子についてアンケート調査をし，学級会でプレゼンテーションをしようと準備していました。ところが，秋頃から風邪が大流行し，「冬休み前のお楽しみ会」は延期となってしまいました。

タッケルン：「はあ，ショック。せっかく準備してたのに……」

　──冬休み明けのある日，「春休み前のお楽しみ会」を開催することが決定しました。

タッケルン：「やったー，今回こそ楽しい会にするぞ！　発表の準備をしなきゃ！！」

資料│タッケルンが作ったプレゼンテーション資料

「春休み前のお楽しみ会」で みんなが作りたいお菓子 調査結果

5年1組　タッケルン

　お楽しみ会で作ってみたいお菓子について，5年1組のみんなに調査をしました。
　すると，下のグラフのように，クッキーや生チョコなど，さまざまなお菓子に意見が集まりました。
　一番人気だったのは「ブッシュドノエル」で，8票でした。
　この結果をもとに，春休み前のお楽しみ会で「ブッシュドノエル」を作ってみるのはどうですか？？？

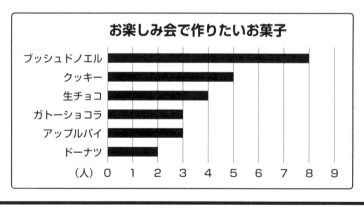

ブッシュドノエル

　──タッケルンは早速，作ったプレゼンテーション資料を家族に見せました。

お父さん　：「クラスのみんなにアンケート調査をしたのか！　みんなの意見を取り入れたお楽しみ会にしようとしているんだな！　いいぞ，タッケルン」

お母さん　：「たしかにそうね。みんなの意見を聞いていることはいいことね！　ただ，この結果ってもしかして……」

✏️ **お母さんは何に気づいたでしょうか**（あなたの考えを書こう）

✏️ **ヒントから考えてみよう**

ヒント1 発信者の主張は何かな？（発信者の言いたいこと）

> 春休み前のお楽しみ会で「ブッシュドノエルを作りませんか?」ってことだね。

ヒント2 発信者の目的や意図は何かな？（発信者のねらっていること）

> みんなの意見を聞いて，楽しい「春休み前のお楽しみ会」にしたいっていう目的があるよ。

ヒント3 データの出どころは？　データ自体に問題はないかな？

> データはぼくが5年1組の全員にアンケート調査をしたよ。
> ちゃんと調査したから大丈夫だと思うなあ。

ヒント4 アンケート調査をしたのはいつかな？

> 「冬休み前のお楽しみ会」の準備をしているときだったなあ。今回のプレゼンでは「春休み前のお楽しみ会」で作りたいお菓子を発表したいんだから……あっ!

ヒント5 主張や目的・意図とデータの関係はどうかな？

> 主張とデータの関係には問題ないと思っていたけど，このデータって……。

✏️ **お母さんの説明は……**

　このアンケート結果は「冬休み前のお楽しみ会」の準備のときに調査したものじゃない？ブッシュドノエルは，クリスマスに食べるロールケーキだもの。タッケルンが今回プレゼンしたいのは「春休み前のお楽しみ会」でみんなが作りたいお菓子でしょ？　**そう考えると，この
データは古いからみんなの意見をちゃんと反映できていると言えない**んじゃないかしら。せっかくだから，お母さんともう1回，アンケート調査の準備をしてみない？

14 | 清潔検査のアンケート

ある日，ププルンが少し浮かない顔で学校から帰ってきて言いました。

「ねえ，ちょっとこれを見てよ。今日，学校で配られたの」と，ププルンは，通学鞄の中からプリントを取り出し，お父さんとお母さんに見せました。

資料｜学校で配られた保健委員会からのお知らせ

保健委員会からのお知らせ　　　　　　　　　　　　　　　　2022.6.10

来月から清潔検査を行います！

　　保健委員会が清潔検査についてアンケートを行ったところ，どの学年も90%以上が「清潔検査を行うべきだ」と回答しました。そこで，毎週月曜日の朝，清潔検査を行いたいと考えています。　※詳しい検査方法は次回の「お知らせ」にてお伝えします。

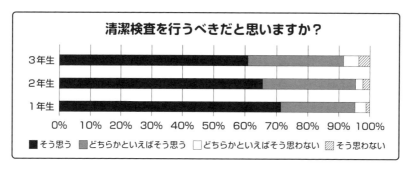

清潔検査を行うべきだと思いますか？

■そう思う　■どちらかといえばそう思う　□どちらかといえばそう思わない　▨そう思わない

参考：以下のようなアンケートを行いました。

- -

清潔検査についてのアンケート　　　　　　　　　　　　　　2022.6.2

6月6日までに答えて，クラスの保健委員に提出してください。
このアンケートは，1〜3年生全員に実施しています。

●質問：インフルエンザの感染はまだ続いています。しかし，近頃消毒などを忘れている人がいるようです。みなさんの健康を守るため，清潔検査（爪をきちんと切っているか，ハンカチとティッシュを持ってきているか，しっかり消毒しているか）を行うべきだと思いますか。

　□そう思う　□どちらかといえばそう思う　□どちらかといえばそう思わない　□そう思わない

お父さん：「清潔検査か。いまでもこういったこと，するんだねえ」

ププルン：「実は私，朝は園芸委員の仕事で忙しいから，『清潔検査を行うべきだとは思わない』と回答したの」

お父さん：「たしかに，ププルンは検査がなくてもしっかりしているよな。そう考えると，90%以上の人が『清潔検査を行うべきだ』と回答したのは，かなり多い気がするなあ」

　　——お母さんは，プリントをのぞきこみ，何かに気づいたようにうなずき始めました。

✎ お母さんは何に気づいたでしょうか（あなたの考えを書こう）

> ┌─────────────────────────────────────┐
> ╎   ╎
> ╎   ╎
> ╎   ╎
> ╎   ╎
> ╎   ╎
> └─────────────────────────────────────┘

方略
7
データの調査方法を検討する

✎ ヒントから考えてみよう

ヒント1 発信者の主張は何かな？（発信者の言いたいこと）

> 「清潔検査を行います」ってことだね。

ヒント2 発信者の目的や意図は何かな？（発信者のねらっていること）

> 保健委員会は，「みんなの健康を守りたい」ってことかな。

ヒント3 データの出どころは？　データ自体に問題はないかな？

> 出どころは保健委員会のアンケート調査だね。90%以上が賛成なのは
> ちょっと多すぎる気がする。どうしてこんなに高い数値になったんだろう。

ヒント4 どんな調査をしたのだろう？

> あれ，質問の仕方がちょっと……。

ヒント5 主張や目的・意図とデータの関係はどうかな？

> 主張したいことのために，こういったデータを作った感じがするね。

✎ お母さんの説明は……

　質問をよく見て。「清潔検査を行うべきだと思いますか」の前に，**「インフルエンザの感染は**
まだ続いています。しかし，近頃消毒などを忘れている人がいるようです。みなさんの健康を
守るため，」という前置きがあるわ。こんなふうに聞かれたら，多くの人は「検査したほうが
いいと思う」と回答するわよ。質問に誘導されてしまうわけね。

15 | めざせ，二重跳び名人級

　タッケルンの学校では，高学年になると，二重跳（と）び大会が開催（さい）されます。

タッケルン：「お姉ちゃんが，『大会で 100 回跳べたら名人級に選ばれる』って言ってたな。ぼくも名人級になりたい！　100 回めざしてがんばろうっと」

　——大会当日，家に帰ってきたタッケルンは結果の通知をお母さんに見せました。

資料｜体育委員会からの通知書

★二重跳び大会　あなたの結果★

2023 年 1 月 27 日（水）すみれ小学校 5 年体育委員会

名前：タッケルン

記録：二重跳び　**92**　回

あなたは　**名人級**　です。

5 年生の結果（計 72 人）

判定基準（はんていきじゅん）	人数
名人級（80 回以上）	6 人
特級（70 〜 79 回）	9 人
一級（60 〜 69 回）	21 人
二級（60 回より下）	36 人

※最高記録は 97 回でした。

みなさん，お疲（つか）れさまでした！！
大会が終わっても，引き続き縄跳びを楽しんでくださいね♪

お母さん　　：「あら，タッケルン，がんばったのねー。名人級じゃない！」

タッケルン：「うーん，そうなんだけどね……」

お母さん　　：「あら？　タッケルン，あまりうれしくなさそうね？」

タッケルン：「だって，お姉ちゃんのときは，100 回が名人級の基準だったって聞いていたから，100 回跳べるように練習をがんばってきたんだ。だからなんだか，納得（なっとく）いかなくて……」

お母さん　　：「タッケルン，92 回もとってもすごい結果よ。それにね……」

✏️ **お母さんは何に気づいたでしょうか（あなたの考えを書こう）**

✏️ **ヒントから考えてみよう**

ヒント1 発信者の主張は何かな？（発信者の言いたいこと）

「二重跳び大会の個人結果とあなたの評価はこのとおりです」ということだよね。

ヒント2 発信者の目的や意図は何かな？（発信者のねらっていること）

評価をもとに，これからも縄跳びをがんばってほしいっていうことかな。

ヒント3 データの出どころは？　データ自体に問題はないかな？

体育委員会の人が出しているデータだよね。
データ自体に問題は……どうなんだろう？

ヒント4 どうして今回は 80 回以上が名人級になったのかな？

100 回を超える人が一人もいなかったからかな。

ヒント5 主張や目的・意図とデータの関係はどうかな？

みんなにこれからも縄跳びをがんばってほしいという目的で，データが示されているんだろうけど……。

✏️ **お母さんの説明は……**

　お姉ちゃんのときの名人級の基準は「二重跳びを 100 回以上跳べた人」だったのよね？でも今回の大会で 100 回以上跳べた人は一人もいないから，きっとお姉ちゃんのときと基準が変わったのね。**こんなふうに基準っていうのは，情報の発信者の目的や，集まったデータによってさまざまに決められてしまうものなのよ。どのように基準が定められているか，注意してみる必要があるわね。**

　でも 92 回跳べたことも大会に向けて努力できたこともすごいことよ。本当にお疲れさま！

方略 **8** データの算出方法を検討する

16│天候別のドライブのリスク

　夏休みも半分が過ぎた頃，自由研究のテーマがまだ決まらず，ププルンは悩んでいました。

お父さん：「おーい，ププルン。今日はみんなで博物館に行く日だぞー！　準備できてるかー？」

ププルン：「あ，そっか今日は日曜日じゃん！　ごめん，すぐ準備するー！」

ププルン：「日曜日のおでかけのこと忘れちゃうなんて。夏休みだと曜日の感覚がなくなっちゃうなあ。……あ，ちょっと待って！　自由研究のテーマ，思いついたかも！」

資料│ププルンがまとめた自由研究

日曜日，晴れた午後のドライブは危険！

3年2組　ププルン

★調べた動機★

　わが家では，日曜日の午後に，車に乗っておでかけすることが多いです。そこで，安全におでかけできるように，天候と自動車事故の発生件数に関係があるのか知りたいと思い，研究を始めました。

★調査方法★

　レインボー道路連盟が行った過去5年間の調査（曜日・時間帯・天候別の自動車事故件数のデータ）から，私たちの暮らすひばり地方で起きた「日曜日の午後の自動車事故発生件数」を調べ，集計しました。

★調査結果★

　晴れ・くもり・雨・きり・雪の日の，自動車事故件数を下記のようにグラフにまとめました。その結果，晴れた日の事故が飛び抜けて多いことがわかりました。晴れている日のドライブは気持ちがよくて，私も大好きですが，安全運転を心がけることを忘れないようにしましょう。

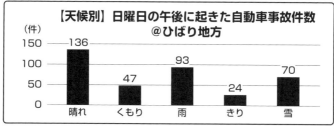

　　　　　出典　レインボー道路連盟のデータをもとに筆者が作成

　——後日，ププルンは完成した自由研究をお父さんとお母さんに見せました。

お父さん：「おー，よく調べられているな！　日曜日の晴れた午後に交通事故が起こりやすいって，ウキウキして気が緩んじゃうのかもしれないなあ。お父さんも気をつけなくちゃ」

お母さん：「それもあるかもね。でも，雨の日のほうが交通事故が多い気がするわ。視界が悪くて運転しにくくなるから。スリップとかもあるし……」

　——お母さんは不思議そうにププルンの自由研究を読み，その後ポンっと手をたたきました。

✏️ お母さんは何に気づいたでしょうか（あなたの考えを書こう）

✏️ ヒントから考えてみよう

ヒント1 発信者の主張は何かな？（発信者の言いたいこと）

「日曜日，晴れた午後のドライブは危険!」ということだね。

ヒント2 発信者の目的や意図は何かな？（発信者のねらっていること）

事故を起こさないように気をつけてほしいと呼びかけたいってことだよ。

ヒント3 データの出どころは？　データ自体に問題はないかな？

出どころは「レインボー道路連盟」だよ。公的なデータをもとにしたよ。

ヒント4 1年のうちで一番多い天気は何かな？

5年間の日曜日の午後のひばり地方の天気を調べたら，晴れの日は114日で一番多かったよ。くもりの日は47日，雨の日は63日，きりの日は10日，雪の日は28日だって。あれっ……。

ヒント5 主張や目的・意図とデータの関係はどうかな？

主張を支える根拠としてふさわしくなさそう。

✏️ お母さんの説明は……

　天気の出現数は異なるから「晴れの日1日あたり〇件」と割合にしないと比べることができ**ない**わ。ひばり地方の過去5年間の日曜日で，晴れの日数は114日。114日に136件の事故が起きているから，1日あたり約1.2件となるわよね。**1日あたりで比べると，晴れより事故の起こりやすい天気があることがわかるんじゃない？**

　天候別の事故件数を調べるのは興味深い着眼点だから，割合で集計し直してぜひ研究を続けてほしいわ。それと，他の曜日がどうかも調べるともっとよい研究になるんじゃないかしら。

17 | カードゲームの大流行

タッケルンは，お父さんにスマートフォンを借りて，動画を見ていました。

タッケルン：「昨年（2021年）から，動画配信者たちがカードゲームの動画をたくさんアップしているけど，流行っているのかな？　ちょっと調べてみようっと」

ネットで検索していると，タッケルンはこんな記事を見つけました。

資料｜検索して見つけたネット記事

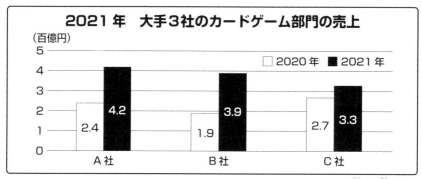

BBニュース　　　トップ　速報　政治　経済　｜記事検索 Q｜

2021年はカードゲームの当たり年！

2022年6月20日　パパモ（経済担当記者）

　以下は，先週発表された2021年のおもちゃ会社大手3社のカードゲームの年間売り上げである。

2021年　大手3社のカードゲーム部門の売上

（百億円）

□2020年　■2021年

A社：2.4／4.2　B社：1.9／3.9　C社：2.7／3.3

出典　虹の国玩具協会

　3社とも，2020年の売り上げを上回る結果となった。この大手3社は，昨年いずれも新しいカードゲームを発売した。このグラフを見ると，新作カードゲームは大ヒットしたと言える。すなわち，2021年はカードゲームの当たり年だったと言えるだろう。

　新発売されたのはいずれも人気のアニメキャラクターのカードゲームであり，アニメのヒットの影響も大きいようだ。

お母さん：「まあ，カードゲームが人気なのね」

タッケルン：「うん，アニメのヒットと関係があるみたい。ぼくはここ数年，カードゲームって全然やっていないけど，カードゲーム，買ってみようかな。」

お父さん：「最近はテレビゲームやネットゲームが主流なんじゃないのか？　いまの時代にカードゲームが流行るのかぁ……」

——お父さんは記事をもう一度読み直しながら，何かを考え，そしてうなずきました。

✏️ お父さんは何に気づいたでしょうか（あなたの考えを書こう）

```
┌ ─ ─ ─ ─ ─ ─ ─ ─ ─ ─ ─ ─ ─ ─ ─ ─ ─ ─ ┐
│                                      │
│                                      │
│                                      │
│                                      │
│                                      │
│                                      │
│                                      │
└ ─ ─ ─ ─ ─ ─ ─ ─ ─ ─ ─ ─ ─ ─ ─ ─ ─ ─ ┘
```

方略
9
外部の要因を検討する

✏️ ヒントから考えてみよう

ヒント1 発信者の主張は何かな？（発信者の言いたいこと）

> 「2021年はカードゲームの当たり年だった」ってことだよね。

ヒント2 発信者の目的や意図は何かな？（発信者のねらっていること）

> 2020年と2021年の売り上げを比較して，ゲーム産業の盛り上がりを伝えたいんじゃないかな。

ヒント3 データの出どころは？　データ自体に問題はないかな？

> 出どころは「虹の国玩具協会」とあるよ。データに問題はなさそうだね。

ヒント4 2021年にカードゲームの売り上げが大幅に上がったのには何か理由があるのかな？

> 新作のカードゲームが，アニメとともにヒットしたからだよね。
> でも，アニメだけで，そんなに売り上げが変わるのかな？

✏️ お父さんの説明は……

　たしかに2021年の売り上げ額は2020年に比べると多いよね。記事のとおり，アニメがヒットしたことの影響が大きそうだ。でも，もしかするとそれだけではないかもしれない。タッケルンがカードゲームについて気になったきっかけは，カードゲームで遊んでいる動画配信を見たからだよな？　**影響力のある動画配信者たちがカードゲームを取り上げていることもヒットにつながった可能性があるよ。データを読みとるときには，そういった「外部要因」にも目を向けて考えるといいぞ。**動画配信を見ると楽しそうだけど，買う前によく考えてね。

18│満点塾のテスト結果

今日は，すみれ市内のほとんどの中学生が参加する大きな陸上大会の日です。

ププルン：「いよいよ陸上大会かぁ。すごく暑いけれど，絶対入賞したいなあ」

お母さん：「大会の後に，塾で一斉(いっせい)テストもあるからね。忙(いそが)しいけど，がんばってね」

ププルンは，女子 1,000 m に出場し，第3位に入賞しました。そして，陸上大会が終わった後，ププルンはジャージを着たまま，塾へと向かいました。

一か月後，塾で受けた一斉テストの結果が返ってきました。

資料│塾からの通知書(し)

満点塾全国一斉テスト

教室名：すみれ校
学　年：3年生
名　前：ププルン

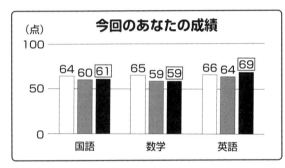

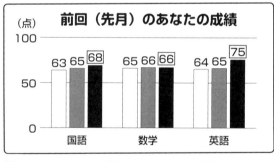

□ 満点塾全体の平均　　🟪 すみれ校の平均　　⬛ あなたの点数

〜コメント〜

・国語は古文も得点を伸(の)ばせると，さらに飛躍(やく)できるでしょう。

・数学は得意な単元と苦手な単元の差が大きいようです。できなかった問題を確認し，おさらいしておきましょう。

・英語は長文問題も得点を伸ばせると，さらに飛躍できるでしょう。

お父さん：「今回のテスト，点数が下がったみたいだなあ。今年は高校受験の年だし，今度の日曜日，キャンプに行っている場合じゃないんじゃないかー？」

ププルン：「えぇ！　今回がむずかしすぎたんだよ。だってすみれ校のみんなの点数も悪いよ」

お父さん：「本当だな，前回のテストでは，どの教科もすみれ校は塾全体の平均を上回っているのに，今回は全教科下回っている。すみれ校のみんな，調子が悪かったのかな？」

お母さん：「この結果だけで勉強をがんばっていないとも言えないんじゃないかしら？　というのは……」

✏️ お母さんは何に気づいたでしょうか（あなたの考えを書こう）

```
[空欄の記入欄]
```

✏️ ヒントから考えてみよう

ヒント1 発信者の主張は何かな？（発信者の言いたいこと）

「テスト結果はこのとおりで，できなかった問題を確認しておきましょう」だね。

ヒント2 発信者の目的や意図は何かな？（発信者のねらっていること）

目的は「塾での勉強をがんばって，成績を上げてほしい」だと思うな。

ヒント3 テストを受けた日のスケジュールはどうだった？

陸上大会があって，大会の後にテストを受けたんだよね。あの日は疲れたよ。そういえば，すみれ校の友達もほとんど陸上大会に出場してたなあ。

ヒント4 主張や目的・意図とデータの関係はどうかな？

主張とデータの関係自体には問題はなさそうだけど……。

✏️ お母さんの説明は……

　今回のテスト結果だけを見ると，前回よりも点数が下がっているよね。でも，今回は問題がむずかしかった可能性もあるし，**平均点の異なるテストの点数を単純に比較はできないわ。**それに，テストの日はすみれ市内の陸上大会があったから，**すみれ校に通っている他の中学生も，陸上大会の疲れでテストの点数が思うように取れなかった可能性もあるとも考えられない？**似た条件でテストを受けた校舎がなかったかや，過去にも陸上大会の後にテストを受けたことがなかったかなど，確認してみるのもいいかもね。

　ともあれ，陸上大会もテストもがんばったんだし，日曜日はみんなでキャンプに行こうね。

19｜ももの収穫量レポート

タッケルンは，社会科の宿題に頭を抱えていました。

お父さん　：「タッケルン，何か悩んでいるのか？」

タッケルン：「うん，あのね，国別の果物の収穫量をレポートする宿題が出たんだ。もものデータを見つけたんだけど，ここからどうすればいいかわからなくて……」

お父さん　：「そうだなぁ。データをグラフにまとめて，収穫量が一番多い国の取組みをレポートするのはどうだ？」

タッケルン：「さ，さすがお父さん……！　ぼく，早速やってみる！」

資料1｜ももの国別収穫量（出典：世界農業機構）

国	虹の国	泉の国	風の国	光の国	花の国
収穫量（t）	9,100,500	3,059,000	17,502,000	5,420,000	1,805,000

資料2｜タッケルンが作ったレポート

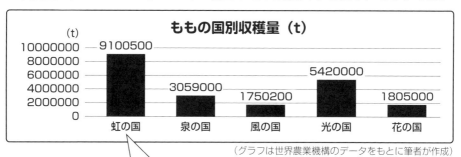

🍑 ももの収穫量は虹の国が一番多い！ 🍑

5年1組タッケルン

　国別にももの収穫量を調べたところ，収穫量1位はわが虹の国でした！　虹の国はどうして収穫量が多いのでしょうか。その秘密は虹の国独自の取組みにありました。

ももの国別収穫量（t）

（グラフは世界農業機構のデータをもとに筆者が作成）

虹の国の具体的な取組み

・年1回の大規模地質調査の実施
・国立レインボー農業大学との共同研究
・多品種生産の促進

タッケルン：「よし，できた！」

お母さん　：「あら，タッケルンもう宿題終わったのね。すごいじゃない！」

　　──ところがレポートを読むと，お母さんは「あらー。もう一度見てごらん」と言いました。

✎ お母さんは何に気づいたでしょうか（あなたの考えを書こう）

```
┌ ─ ─ ─ ─ ─ ─ ─ ─ ─ ─ ─ ─ ─ ─ ─ ─ ─ ─ ─ ─ ─ ─ ─ ┐
│                                                │
│                                                │
│                                                │
│                                                │
│                                                │
│                                                │
│                                                │
└ ─ ─ ─ ─ ─ ─ ─ ─ ─ ─ ─ ─ ─ ─ ─ ─ ─ ─ ─ ─ ─ ─ ─ ┘
```

✎ ヒントから考えてみよう

ヒント1 発信者の主張は何かな？（発信者の言いたいこと）

> ももの収穫量が一番多いのは虹の国で，その取組みはこのとおりってこと
> だよ。

ヒント2 発信者の目的や意図は何かな？（発信者のねらっていること）

> ももの収穫量が多い虹の国の取組みを調べて，レポートのでき具合を高め
> たいんだ。

ヒント3 データの出どころは？　データ自体に問題はないかな？

> 世界農業機構のももの収穫量のデータをもとにグラフを作成したよ。
> 引用元のデータ（資料1）自体に問題はなさそうだな……。

ヒント4 主張や目的・意図とデータの関係はどうかな？

> 主張や目的とデータの関係に問題はないと思うけど，データの引用に問題
> が……!

方略
10
データ作成者とテクスト発信者の関係を検討する

✎ お母さんの説明は……

　タッケルンは世界農業機構のサイトを見て「ももの国別収穫量」を調べているわよね。レポートで「グラフは世界農業機構のデータをもとに筆者が作成」と書いているのはとってもいいことよ。でも，世界農業機構のデータをもとにレポートを作成しているみたいだけど，**きちんと引用してグラフを作れているかしら。**もう一度確認して，レポートを修正してみましょう。

20 | 自転車事故に気をつけよう

ププルンは，夕方のニュースで，自転車事故の報道を目にしました。

ププルン：「私も自転車によく乗るし，怖いなぁ。ちょっと調べてみよう」

インターネットで「自転車事故」と入力して検索すると，こんな記事を見つけました。

資料｜検索して見つけたネット記事

きよらか損保　　　　　会員ログイン

自転車事故は年々増加！

更新日 2022.1.20

近年，自転車事故が多発しています！　下のグラフを見てください。このグラフは交通事故全体に占める自転車事故の割合の推移（過去6年）を表したものです。ご覧のとおり，自転車事故が増えています。

交通事故全体に占める自転車事故の割合

	2016	2017	2018	2019	2020	2021 年
	32.4%	32.2%	33.5%	36.7%	39.1%	40.4%

出典　虹の国警視庁

自転車事故は大きな怪我につながる可能性があります。怪我をしてしまうと仕事や通学ができなくなることも多いです。

自転車事故は大変危険です！　みなさん安全運転を心がけましょう。

> **きよらか損保インターネットからのお申し込みで**
> **初年度最大 10,000 円割引**
> **お見積もり，お申し込みはこちらから▽**

ププルン：「ねぇ見て！　自転車事故が毎年増えているみたいだよ」

お父さん：「うーん，ププルンも自転車によく乗るから気をつけるんだぞ」

お母さん：「なになに？　私にも見せて」

——お母さんはププルンの見ていたサイトを見せてもらいました。すると「うーん，ププルン，もう一度このサイトをよく見てごらん」と言いました。

✏️ お母さんは何に気づいたでしょうか（あなたの考えを書こう）

```




```

✏️ ヒントから考えてみよう

ヒント1 発信者の主張は何かな？（発信者の言いたいこと）

> 「自転車事故が年々増えている」ということだよね。

ヒント2 発信者の目的や意図は何かな？（発信者のねらっていること）

> 自転車事故を起こしたときのために保険に入ってほしいってことかな。

ヒント3 データの出どころは？　データ自体に問題はないかな？

> 出どころは虹の国警視庁で，データ自体に問題はなさそう……。

ヒント4 主張や目的・意図とデータの関係はどうかな？

> 「自転車事故が増加している」という主張の根拠として，「交通事故全体に占める自転車事故の割合」が示されているけど……。

方略 **10** データ作成者とテクスト発信者の関係を検討する

✏️ お母さんの説明は……

　このネット記事は「自転車事故の増加」を訴（うった）えているけど，根拠としてあげているデータは「交通事故全体に占める自転車事故の割合」よ。**このデータでは自転車事故の件数自体が増えているかはわからないわ。**

　一次発信元の警視庁を確認してみると，自転車事故件数も公表されていて，件数自体は減少傾向ね。それなのに「交通事故全体に占める自転車事故の割合」だけを取り上げて自転車事故が増えているように示すのは問題があるわ。保険の契約者を増やすために，不安を煽（あお）っているのかもしれないわ。

　でも，そうは言っても，ププルンも自転車に乗るときはくれぐれも注意してね。

読解の前提　テクストの主張・目的・意図を検討する

● 消費税引き上げのニュース ＜テクストの主張・目的・意図は何か＞ (28頁)

　読み取りの前提となる，テクストの主張・目的・意図に気づかせることが，本エクササイズのねらいである。特に，本エクササイズでは，2つの記事の比較により，同じ調査結果（データ）を取り上げていても，発信者の主張・目的・意図が異なる場合があることに気づかせる。

　記事①の発信者は，「『賛成』『やむを得ない』としている人は73%」と，「やむを得ない」の回答を「賛成」の立場でまとめている。いっぽう記事②の発信者は，「やむを得ない」の中の「悲痛な声」を取り上げることで，消費税引き上げに「反対」の立場を強調している。

　このように，調査結果（データ）は切り取り方次第でどの立場の主張にも使えるという前提を知っておくと，今後の学習で，発信者がどういう意図で調査結果（データ）を使おうとしているか考えることの重要性が，子どもたちに理解されやすくなる。特に本エクササイズでは，「やむを得ない」を「賛成／反対」のどちらに解釈するかが，主張の論拠になっていることをしっかりと押さえたい。

　なお，発信者が主張したいことの裏付けとして，自由な発言や記述の一部を取り上げ，あたかも全体の声であるかのように書くテクニックはよく見られる。本エクササイズでも，「悲痛な声」が「やむを得ない」の回答者の声を本当に代表しているかを吟味するためには，調査結果全体を確認することが本来は必要となる。この点も踏まえて解説しておくと，発信者の意図を正確に理解するために，出典をたどることの重要性についても，子どもたちに意識されやすくなるであろう。

方略1　テクスト発信者を検討する

● プランターの色と成長速度 ＜テクスト発信元が明記されているか＞ (30頁)

　新聞や雑誌は出版元がはっきりしているが，インターネット上に書かれている情報はだれが発信したのかわからない（テクスト発信元が明記されていない）場合があることに気づかせることが，本エクササイズのねらいである。発信者のわからない情報は，信憑性にも欠ける。

　また，例えば本エクササイズのように「植物を早く育てる条件」について知りたいとき，「植物を早く育てる条件」と検索して上位に表示されるWebページから閲覧することが多い。検索上位に表示されるためにWebページ作成者はさまざまな対策をしており，必ずしも「検索上位＝信憑性が高い」というわけではないことに注意してアクセスする必要がある。

　特に，物品の購入など個人情報を入力する必要があるWebページには，子どもたちだけでアクセスさせないようにする。もし誤ってリンクをクリックし，「○○が○万円で購入されました」などのメッセージが表示されても，あわてて名前や連絡先を入力しないようにすることが重要である。

さらに本エクササイズでは，調査方法の問題も指摘できるとよい。植物が育つには，日当たりや水やり，肥料など多くの条件が関係する。プランターの色が植物の成長に関係があることを証明したいのであれば，それ以外の条件がすべて統一されていたのかどうか，明記されている必要がある。

元野球選手の教育論 ＜テクスト発信元が信頼できるか＞（32頁）

　有名人が発信したことは信用しやすいが，その分野の専門家ではない人が発信する根拠のあいまいな情報を鵜呑みにするのは危険であることに気づかせることが，本エクササイズのねらいである。

　特に，自分の好きな有名人の発言は信じてしまいやすい。また，本エクササイズの「教育」のように，多くの人が経験している事柄は，専門家でない人も自身の経験をもとに意見を言いやすく，注意して情報を受け取る必要がある。今回のような個人ブログでは情報の信憑性が高いと言えない場合もあり，行政や研究機関や専門家の提供する情報と照らし合わせるなど，確認が必要である。

　さらに，主張の根拠や因果関係に注目することも重要である。人は，結果に対して原因を考え，原因と結果を結びつけたがる傾向があると言われている。例えば，「お米を食べる人が減っている」「いじめが増えている」という2つのニュースを見ると，「いじめはお米を食べないことが原因」と両者を結びつけて考えてしまう。2つの事柄が原因と結果の関係にあることを因果関係と呼ぶが，その証明はむずかしい。今回取り上げられている「いじめ」と「運動不足」も，それぞれ増加しているという事実はデータで示されているが，因果関係は証明されていないことに注意が必要である。

方略2　テクスト内のタイトルを検討する

防災ポスター ＜テクストのタイトルと内容に齟齬がないか＞（34頁）

　テクストのタイトルと内容の整合性に着目させるのが，本エクササイズのねらいである。
　タッケルンのポスターは「地震にそなえよう！！」というタイトルで，地震から身を守るための対策を呼びかけているが，「風で飛ばされないように植木鉢などを家の中に入れる」「窓を目張りする」などの対策も書かれており，地震と台風の対策が混在している。タッケルンが参考にした書籍『自然災害と対策①地震・津波・台風』に書かれている台風の対策を，地震の対策だと勘違いしてポスターに取り上げてしまったことで，タイトルと内容が一致しなかった点が問題である。
　タッケルンのポスターのように，タイトルに関係のない内容が多く含まれるテクストも珍しくない。また，注目を集めるために過激で仰々しいタイトルがつけられているが，内容を見てみるとさほど重要ではない情報しか書かれていないテクストもあり，注意が必要である。

最も売れた曲ベスト5 ＜テクストのタイトルと内容に齟齬がないか＞（36頁）

　記事のタイトルと内容の整合性に着目させるのが，本エクササイズのねらいである。

記事のタイトルは「2022年　最も売れた5曲を発表」だが，記事の内容は「2022年にカラオケで最も歌われた曲ベスト5」について書かれている。家族の会話から，ランキングには，今年発売された曲だけではなく，昔の曲も入っていることがわかる。

　一般的に「売れる」という言葉は「たくさん買われた」という意味で使われるが，もう1つ「世に広まる」という意味もある。つまり，この記事の筆者は，カラオケでよく歌われたということを世に広まったという意味で「売れた曲」というタイトルをつけたのかもしれない。こうした食い違いを，「齟齬がある」という。タイトルと内容や書き手と受け手との間に齟齬がないかどうかを注意するとよい。

方略3　使用されている用語を検討する

◉読書のアンケート ＜用語が適切に使われているか＞ (38頁)

　アンケートの質問にある「たくさん」という用語の使い方に着目させるのが，本エクササイズのねらいである。私たちが何気なく使っている言葉が何を指すのかをあらためて考えさせたい。

　「たくさん」と言った場合，本の冊数を指すこともあるし，読書した時間や頻度の場合もある。特に，高学年は頁数の多い厚い本を借りて読む人も多いと考えられ，その場合，本の「冊数」は少ないかもしれないが，かといって「たくさん」読んでいないとは言えない。また，「たくさん」の基準も人によって異なる。3冊読めば「たくさん」だと思う人もいれば，10冊以上読まないと「たくさん」だと思わない人もいるだろう。このアンケート調査は，答える人によって「たくさん」という言葉の定義があいまいである点に問題がある。そのため，このアンケート調査の結果から「高学年は本を『たくさん』読んではいない」と単純に結論づけることはできない。アンケート調査を行う際は，回答する側も集計結果を見る側も誤解のない聞き方をする必要がある。

◉ウォーキングでレッツ健康 ＜用語が適切に使われているか＞ (40頁)

　アンケートの質問にある「最近」という用語の使い方に着目させるのが，本エクササイズのねらいである。「最近」とはいつのことなのかあいまいで，例えばウォーキングを始める1か月前から体調がよく，いまも体調がよいとき，このアンケートで「体調がいい」と回答したのか，それとも「変わらない」を選んだのかわからない。記事では「ウォーキングが健康のために重要な役割を果たしている」と書かれているが，この結論を導き出すためには，「ウォーキング」と「体調」の因果関係を証明するためのデータを集める必要がある。「最近の体調はどうですか？」という質問では適切なデータとはいえず，このアンケートから「ウォーキングで健康になる」と断言することはできない。このように，アンケート調査の結果をまとめたテクストでは，特にアンケートの質問文や選択肢で，用語が適切に使用されているかについて着目して考える必要がある。

方略 4　テクストの表現を検討する

魔法のサプリメント ＜巧妙な言い回しでごまかしていないか＞ （42頁）

　心をつかむような表現や派手な表現に着目させるのが，本エクササイズのねらいである。

　本エクササイズのネット広告は，販売者にとって都合のよい情報は大きな文字で目立つように表現され，そうでない情報は※印などで小さく書かれている。「全世界で累計販売2億粒突破」という結果（データ）や「初月1500円」という手頃そうな価格は大きく表示され，「飲むだけでツヤツヤ美肌に！」をアピールしている。しかし広告をよく見ると，「全世界」と言いつつ「なぎの国」と「光の国」でしか販売していないこと，「累計販売2億粒突破」は「1982～2022年」の40年間というかなり長い期間で販売された結果であることが小さい文字で書かれている。また，自動的に定期購入となり，翌月から価格が倍の3,000円になることも小さい文字で書かれており，見落としやすい。

　広告は購買意欲をかき立てる表現を用いるのが一般的であるし，この広告のように，初回は半額や無料だが，自動的に定期購入となり，翌月から定額料金がかかる旨が小さく表示されていることも珍しくない。申し込みはネットで簡単に手続きできるが，解約には電話をする必要があり，その電話がなかなかつながらないなどのトラブルも多いので注意が必要である。このような広告の特性を知り，商品の購入・利用を検討する際は隅々までよく読んで納得した上で契約する必要がある。

引退のニュース ＜誇張された表現が使われていないか＞ （44頁）

　文章を部分的に使った表現や過激な表現，写真などで注目を集め，多くの読者を自分の記事に誘導しようとすることがある。このことに気づかせることが本エクササイズのねらいである。

　ニュースサイトでは世界中のニュースが次々と表示され，タイトルだけで多くの人からアクセスしてもらわなくてはならない。そのため短くて一瞬で目を引くタイトルになるよう工夫が凝らされている。またタイトルとともに表示される写真も，読者の興味をひく写真が選択されることが多い。

　今回の例では，キビン選手の言葉の一部を切り取ったタイトルや，ぽつんと置かれたテニスラケットの写真を使ってあたかも引退するかのように見せている。記事の内容も前半は引退を示唆するものが多いが，最後まで読めば，一時は引退を決断せざるを得ない状況であったが，まだ引退すると決まったわけではないことがわかる。このように最後までしっかり読まないと重要な情報を見落としてしまう場合も多いため，流し読みをして早とちりし，情報を拡散しないことも重要である。

方略 5　データの出典の表記を検討する

逆立ちとおもしろさの関係 ＜データの出典元が信頼できるか＞ （46頁）

　テクストだけでなく，数値データやグラフが用いられていると，情報の信憑性が高いと考え

られるが，必ずしもそうとは言えないケースもあることに気づかせることが本エクササイズのねらいである。

　データの出典には，「秘密の調査団・スポーツＺ」と書かれている。資料を見るときは，出典が書かれていることだけでなく，出典元のデータ作成者が信頼できるかどうかまで，確認する必要がある。「ヒントから考えてみよう」のタッケルンの発言から，検索しても「秘密の調査団・スポーツＺ」がヒットせず，どんな団体か正体不明であり，信憑性に欠けることがわかる。

　授業では「秘密の調査団・スポーツＺ」の正体とこのデータの作成理由を考えさせるとよい。可能性としては，「秘密の調査団・スポーツＺ」とは「運動クラブ６年生」のことであり，部員を集めるためにあえて「秘密の調査団」を名乗ってデータを作成したことが考えられるが断定はできない。

　また，本エクササイズでは「逆立ちができること」と「おもしろい」ことの因果関係が証明できていないことについても指摘できるとよい。偶然の調査結果から過度な一般化を導いてしまっていることも，この紹介チラシの問題点である。さらにデータの算出方法に着目させることもできる。調査人数が書かれていないが，逆立ちができる人とできない人ではできる人の数が少ない可能性が高いので，比較には注意する必要がある。

● 人気の携帯会社 ＜データの出典が明記されているか＞（48頁）

　紹介されているデータはだれが調査をしたものなのか，データの出典に着目させるのが，本エクササイズのねらいである。

　「１万人を対象に調べたところによると……」と書かれているが，データの出典が明記されておらず，発信者が調査をしたものなのか，第三者が行った調査を引用しているのかわからない。出どころのはっきりしないデータを根拠にした記事は，信憑性に欠ける。１万人の回答という人数の多さがデータの信憑性を高めるのではないことに注意したい。

　またこのデータでは，どのような人を対象に，どのような質問をしたのか明記されていない点も問題である。新しくスマートフォンを購入するとは，新規購入なのか，買い換えなのか，あいまいである。もし買い換えだとすると，そもそもＡ社との契約数が多い状態で契約変更しない人が多ければＡ社が多くなるが，積極的にＡ社を選択している人が多いのかどうかはわからない。

方略 6　データのサンプル（調査対象）を検討する

● 宿題まとめサイト ＜データの調査対象が明記されているか＞（50頁）

　だれに調査したのか，データの調査対象に着目させるのが，本エクササイズのねらいである。

　宿題にかかる時間について，小学何年生に調査した結果かによって，解釈の仕方が変わってくる。例えば，１年生と６年生では集中できる時間が異なるので，宿題の量も当然異なる。そのため，調査対象は非常に重要な情報であり，このデータからタッケルンの宿題の量の多寡を判断できない。

サッカー選手人気ランキング ＜データの調査対象が偏っていないか＞ （52頁）

だれに調査したのか，データの調査対象に着目させるのが，本エクササイズのねらいである。

本エクササイズでは，調査対象が「ガンバーズスタジアムから出てきたファン9,518人」となっており，「虹の国Rリーグ全20クラブの中で1番好きな選手」の調査対象として適切でないと判断できる。「虹の国Rリーグ全20クラブの中で1番好きな選手」を適切に調査するためには，全国のスタジアムで満遍なく調査する必要があり，調査人数の多さがデータの信憑性を高めるのではない。

いくらきちんとした集計を行っても，誤ったデータからは誤った結果しか得られない。正しい結果を得るために，目的に合った調査対象とすること，偏りなく調査対象を選ぶことが重要である。

方略7　データの調査方法を検討する

春のお楽しみ会 ＜調査が実施されたのは最近か＞ （54頁）

いつ調査をしたのか，データの調査方法に着目させるのが，本エクササイズのねらいである。特に，アンケート調査の目的と，今回のプレゼンの目的が一致しているかどうかに注意したい。

タッケルンが行ったアンケートは，「冬休み前のお楽しみ会」の準備のときであり，その回答は「冬休み前のお楽しみ会」に作りたいお菓子である。今回プレゼンしたいのは「春休み前のお楽しみ会」で作りたいお菓子なので，アンケート調査の目的と今回のプレゼンの目的が一致していない。

自分が資料などを読み取る際にも，使われているデータがアンケート調査の目的と一致しているか，古いデータになっていないかに注意する必要がある

清潔検査のアンケート ＜調査実施時の質問に問題はないか＞ （56頁）

調査の質問に誘導・操作などがないか，データの調査方法に着目させるのが，本エクササイズのねらいである。

実施されたアンケートの内容を見ると，「清潔検査を行うべきだと思いますか」という質問の前に，「インフルエンザの感染はまだ続いています。しかし，近頃消毒などを忘れている人がいるようです。みなさんの健康を守るため，」という前置きがある。このような前置きがあると，回答者は無意識のうちに誘導され，「検査したほうがいいと思う」と回答しやすくなってしまう。

誘導質問は，ほかにも種類があり，例えば「本日の接客は満足のいくものでしたか」という質問も，「満足のいくものでしたか」という聞き方が誘導にあたり，肯定的に答えやすくなる。この場合は「本日の接客はいかがでしたか」という聞き方のほうが，より正確な回答が集まりやすい。このように，アンケート結果をまとめた資料を読み取る際は質問文や選択肢に注意するとよい。

方略 8 　データの算出方法を検討する

めざせ，二重跳び名人級 ＜データの基準は適切か＞ (58頁)

　名人級の基準がどのように定められたのか，データの算出方法に着目させるのが，本エクササイズのねらいである。

　お姉ちゃんの代の名人級の基準は「二重跳びを100回以上跳べた人」であったのに，タッケルンは92回で名人級になっている。今回の二重跳び大会の最高記録は97回で，100回以上跳べた人が一人もいなかったために，「できるだけ多くの人に名人級になってもらって，これからも縄跳びの練習をがんばってほしい」という目的で，お姉ちゃんの代と基準が変わってしまったのだと思われる。このように基準は，情報の発信者の目的や，集まったデータにより定められることもある。どのようにデータの基準が定められているのか注意して見る必要がある。

天候別のドライブのリスク ＜データの単位は適切か＞ (60頁)

　天候別のドライブのリスクを比較可能にするために，データの単位が適切であるか，データの算出方法に着目させるのが，本エクササイズのねらいである。

　天気の出現数は異なるため，「晴れの日1日あたり○件」と割合にしないと適切に比較できない。ひばり地方の過去5年間の日曜日で晴れの日数は114日で，114日に136件の交通事故が起きているから，1日あたり約1.2件となる。同様に考えると，くもりの日は1.0件，雨の日は約1.5件，きりの日は2.4件，雪の日は2.5件となり，1日あたりで比べると，雨やきり，雪の日のほうが，晴れの日より交通事故が起こりやすいとわかる。このように，数値データが用いられたテクストでは，そのデータの単位が適切であるかどうかも注意して見る必要がある。

方略 9 　外部の要因を検討する

カードゲームの大流行 ＜データに影響を与えた他の要因はなかったか＞ (62頁)

　2021年にカードゲームの売り上げが伸びた要因について，記事でふれられているアニメのヒット以外の要因がなかったか，複数の外部の要因に着目させるのが，本エクササイズのねらいである。

　記事にあるように，カードゲーム部門の売り上げが伸びたのは，人気アニメキャラクターの新作カードゲームがアニメとともに大ヒットしたことの影響が大きそうである。ただ，タッケルンがカードゲームについて調べるきっかけになったように，影響力のある動画配信者たちがカードゲームの動画をたくさん更新していることも，ヒットにつながった可能性がある。このように，テクストに書かれていることだけでなく，外部要因にも目を向けて考えられるとより深い読み取りができる。

満点塾のテスト結果 ＜データに影響を与えた他の要因はなかったか＞ (64頁)

　テストの結果について，勉強不足や理解不足以外に影響を与えた他の要因がなかったか，外部要因にも着目させるのが，本エクササイズのねらいである。

今回のテスト結果だけをみると，前回のテストよりも点数が下がっており，お父さんは心配しているが，前回に比べて今回は問題の難易度が高かった可能性も考えられ，平均点の異なるテスト結果を単純に比較することはできない。

また，単純にテストの理解度を測りたいとしても，テスト結果にはさまざまな要因が絡んでいる可能性がある。実際，すみれ校全体の平均点が下がっており，テストの直前にすみれ市内で開催された陸上大会の疲れが点数に影響している可能性も考えられる。このように2つのデータを比較する場合には，外部の要因を極力減らす，同じにするなどの条件のもと，調査を実施するとよい。

方略 10　データ作成者とテクスト発信者の関係を検討する

■ ももの収穫量レポート ＜一次発信のデータを正確に引用できているか＞（66頁）

元データ（一次発信）を正確に引用してレポート（二次発信）を書けているか，一次発信と二次発信の違いに着目させるのが，本エクササイズのねらいである。

まず，レポートに「グラフは世界農業機構のデータをもとに筆者が作成」と二次加工したことを書いているのはよい。引用者が元データをグラフ化したり，文章の一部に線を引いたりするなど加工した場合は明記する必要がある。ただ，明記されていないものもあるので読み取る際は注意したい。

次に，正確にデータを引用できているかを確認することが重要である。「風の国」のももの収穫量は，表のデータでは「17502000kg」だが，レポートのグラフでは「1750200kg」となっており，正しく引用されていないことがわかる。そのため，レポートの内容も変わってしまった。このように，正しくデータを引用しないと本来の正しい情報とは全く異なる情報を発信してしまうことになる。また，今回は単純に引用のミスであったが，自分の主張を裏付けるために意図的にデータの一部を切り取って引用するケースなどもあり，注意する必要がある。

■ 自転車事故に気をつけよう ＜一次発信のデータを適切に引用できているか＞（68頁）

ネット記事（二次発信）の発信元である保険会社が，虹の国警視庁の調査・集計した元データ（一次発信）を適切に引用できているか，一次発信と二次発信の違いに着目させるのが，本エクササイズのねらいである。

ネット記事では「自転車事故の増加」を訴えているが，根拠としてあげている警視庁のデータは「交通事故全体に占める自転車事故の割合」である。このデータからは，自転車事故の件数自体が増えているのかはわからない。お母さんの説明から，一次発信元の警視庁では自転車事故件数も公表されており，件数自体は減少傾向であることがわかる。そうであるにもかかわらず「交通事故全体に占める自転車事故の割合」だけを取り上げて自転車事故が増えているかのように示すのは問題がある。保険の契約者を増やすために，不安を煽ろうとしている可能性がある。このように，一次発信のデータが二次発信者にとって都合よく加工されて使われていないか，注意するようにしたい。

相関関係と因果関係

ここでは，統計の基本である「相関関係」と「因果関係」について考えてみましょう。

ときどき，次のようなことを耳にします。「学級の仲がよいと学力が高まります。ですから，みんな仲よくしましょう。仲がよいと，授業でたくさんの意見が交流されますよね。たくさんの意見が交流されると，いろんな考えに触れることができて，それがまた新しい考えを生むことになる。だから，みんなの学力が高まっていくのです。……」

教師の経験値からすると，「学級の仲がよいと，学力も高まる」という話は，正しいように聞こえます。しかし，「学力が高い子が揃っているから，余計な摩擦が生まれず学級の仲がよい」という可能性も否定できません。もっと単純な例をあげると，「算数が好きだから，算数の成績がよい」のか，「算数の成績がよいから，算数が好きになった」のか，どちらが原因でどちらが結果なのかは，よくわからない場合が多いものです。また，これらの例では2つの要素に着目して関係を考えていますが，ここには登場しない第三の要素が影響している可能性もあります。

ただ，「学級の仲がよく，学力が高い」というケースは実際に多いものでしょうし，「算数が好きで，算数の成績が高い」という子どもも多くいることでしょう。

原因と結果の関係はわからないが，2つの要素に何らかの影響し合う関係がある場合，このような関係を「相関関係がある」と言います[9]。

関連して，本書46頁のエクササイズ9「逆立ちとおもしろさの関係」をみてみましょう。「逆立ちができること」と「おもしろいこと」には本当に関係があるのでしょうか。

逆立ちができるおもしろい人は存在するかもしれませんが，おもしろい人がみんな逆立ちができるとは限らないですし，しかも，「逆立ちができる」ことで「おもしろい人になれる」となると，なおいっそう「そんなおかしな話はない」とツッコミたくなりますね。

この場合，因果関係があるとは論理的に言えません。この「秘密の調査団・スポーツZ」が調査した結果では，たまたま「逆立ちができる人が『おもしろい』と言われたことのある人が多かった」というだけなので，相関関係も怪しいでしょう。

因果関係はなく相関関係があるだけなのに，「AだからBなんだ」と話す人は意外と多いものです。より正確に言うと，今回のように相関関係さえ怪しいにもかかわらず，因果関係があるかのように説明される情報も多いものです。

因果関係を謳った広告や誘い文句には，特に注意したほうがよいですね。

（佐藤）

平均点だけでは比較できない

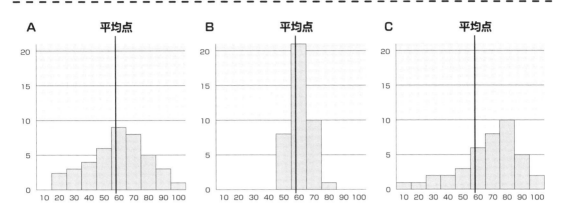

　上記グラフは，40人のテストの得点（100点満点）を，10点間隔の人数に分けて表したもの（ヒストグラム）です。平均点はどれも62点ですが，Cのグラフで上位20番（40人中の真ん中）の生徒は，右から4つめの棒のところになります。Cのグラフでは，平均点より高い点数をとった生徒が半分よりも多く，平均点をとった生徒の順位は40人中の下の方になっています。ひとくちに「平均点」と言っても，ABCのグラフで，その意味合いは必ずしも同じではないのです。

　母集団が大きくなると，テスト得点の分布は釣り鐘型（正規分布）になることが知られていますが，尖り方（尖度）や歪み方（歪度）はデータによって異なります。そのため集団のばらつき具合を表す値として，データの最大値から最小値を引いた値（レンジ）を用いる場合があります。レンジはたった2つの値から簡単に求められる反面，全データが反映されていないという欠点があります。そこで一般的に利用されているのが「標準偏差」です。

　「偏差値」という言葉は，学力テストなどの結果でも聞いたことがあるでしょう。偏差値とは，全データの平均が50，標準偏差が10になるようにデータを変換した値です。上記AとBのグラフでは，Bのほうが標準偏差が小さいことになります。

　なぜ，このようなデータの変換が必要かというと，例えば，100点満点のテストと200点満点のテストでは，そのまま点数を比べることができません。あるいは満点は同じでも，平均点が80点で点数のばらつきが多かった教科と，平均点が96点でほとんどの生徒が90点台だった教科も，単純比較はできません。同じ教科で，1学期と2学期に実施したテストの場合も同様ですね。そこで偏差値に変換して，平均50，標準偏差10に揃える（標準化する）ことによって，異なるテストであっても平均からどれくらい離れているかを比較することができるようにするのです。

　どんなデータを用いるにしても，その統計的な値の性質についてよく知り，値の増減だけに気を取られないようにすることが大切です。

（中野）

第5章 エクササイズの展開例 ―1時間の授業時間での活用―

5.1 1単位時間での実施モデル

　28頁のエクササイズ0「消費税引き上げのニュース」を例に，小学校45分，中学・高校50分の，1単位時間での授業展開例を説明します。授業以外での実施場面や，短時間での実施方法については，86頁を参照してください。

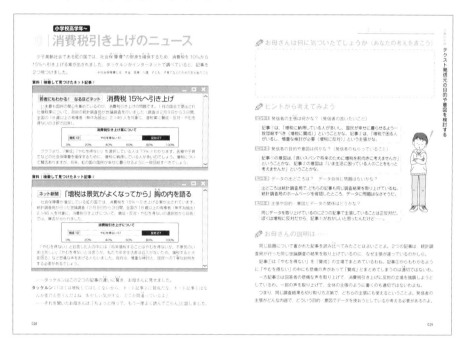

1単位時間での実施モデル　※4人グループでの学習を想定（時間配分は目安）	
授業の導入（つかみ）	5分
展開① 通読（教材の左ページ）	5分
展開② 主要発問「お母さんは何に気づいたかな，各自で考えてみよう」	5分
展開③ 補助発問「ヒントに沿って，考えてみよう」	5分
展開④ 指示「個人でもった考えを4人グループで交流してみよう」	10〜15分
展開⑤ 指示「全体でシェアしましょう。では，××のグループから……」	5分
展開⑥ 範読「お母さんの説明」	5分
終末（まとめと振り返り）「方略」の抽出と習得	5分

授業の導入（つかみ）　5分

　1単位時間の授業で行う場合，エクササイズを始める前に，学びの目的意識を子どもたちに喚起するための導入を設けてもよいでしょう。

　例えば「消費税引き上げのニュース」では，関連した内容として海外の消費税率を紹介したり，「ハンガリーにはポテトチップス税があるんだよ」などと雑談を披露したりするとよいでしょう。あるいはエクササイズのグラフの部分だけを拡大して最初に黒板に貼るなどすると，子どもたちの興味関心をひいたり，内容についてのイメージを喚起したりできます。

展開①　〈混成型テキスト〉の通読　5分

　エクササイズの左ページを教師がゆっくり範読します。学習のねらいはテクストをもとに「考える」ことなので，教師が範読したほうが読みの個人差を埋められるでしょう。一人読みのできる学習集団であれば，一人一人に黙読させたり，音読させたりしてもよいです。

　教師の範読で理解が追いつかず，キョトンとしている子どもがいる場合は，「もう一度みなさん各自でゆっくり黙読してみましょう」と追加の指示を出してもよいでしょう。また「読んでわからなかった用語や言葉はありませんでしたか」と問い掛けて，テクスト内容の解像度を上げていきましょう。「解像度を上げる」というのは，資料が説明している場面や内容について具体的なイメージがもてるように理解を助けることです。

　例えば，「消費税引き上げのニュース」でいえば，日本で過去どのように消費税が引き上げられてきたかを確認したり，具体的な商品をもとに消費税がどのくらいの額になるかを例示して，自分の懐の痛みぐあいを実感できるようにしたりするとよいでしょう。

　このとき，エクササイズの場面と子どもたちの生活体験がリンクしているほど，情報を吟味する際の子どもの視点が多様になるようです。例えば，エクササイズ12であればサッカースタジアムに実際に観戦に行ったことがある子どものほうが，選手の人気投票のイメージなども湧きやすく，「自分だったらだれに投票するかな」「××の試合では，観客のほとんどがホームチームの応援だったな」などと，多様な視点から情報を検討することができます。子どもたちに合った教材を選ぶとともに，子どもの実態に応じて解像度を上げるサポートを行います。

展開②　主要発問「お母さんは何に気づいたかな，各自で考えてみよう」5分

　まずは自分の考えをもたせたいものです。話し合い活動に入る前に，個人で取り組む時間を確保しましょう。

展開③　補助発問「ヒントに沿って，考えてみよう」5分

　ヒントがないと課題に取り付く島もないという子どももいます。ある程度個人で考える時間をとったら，各エクササイズの右ページに示されたヒントを，教師が1つ1つ読み上げなが

ら内容を確認していくと，困り感をもつ子どもは少なくなるでしょう。

　筆者たちの研究実践では，ヒントを与えずにグループでエクササイズを行った場合，テクストのカラクリ（情報操作の仕掛け）に気づいたグループもあれば，気づかなかったグループもありました。そのため，足場かけとなるヒントを各エクササイズに設けました。ヒントを順番に読んで考えることで，どのグループも情報に仕掛けられたカラクリに気づき，ねらいとする読解方略に迫れる可能性が高くなると考えています。

　ただし，教師の範読に合わせてヒントを全員で一緒に丁寧に追っていくと，思考がブツブツと途切れていく感じをもつ子どももいるかもしれません。そのような子どもが多いクラスでは，ヒントの確認は子ども個人に任せてもよいでしょう。また，ヒントを読まずに解答したい子ども，できるだけヒントに頼らず自力で解答を導きたいと思う子どももいるはずです。その場合は，ヒントを別紙にして配るという方法もあります。

展開④　指示「個人でもった考えを4人グループで交流してみよう」10 〜 15分

　ここまでを通して，各自で考えたことをグループで交流します。

　このとき，教師は話し合いが停滞していたり，沈黙したりしているグループに寄り添って支援してください。支援の仕方としては，「ヒント①から確認してみて」などと，各自が理解したことを共有させていくとよいでしょう。

展開⑤　指示「全体でシェアしてみましょう。では，××のグループから……」5分

　教師は各グループの話し合いの様子を机間支援で見取り，学級全体に広げます。

　5分間ですべてのグループが発表するのはむずかしいでしょう。学習を効率よく深めるために，2つの共有方法があります。

　1つは，見当違いな話し合いをしていたグループの意見をもとに，典型的な間違いについてシェアする方法です。グループが特定されないよう配慮しながら教師が取り上げて，「……という話し合いをしているグループがあったけど，これは……だね」と説明します。

　もう1つは，方略に気づいた説明をしているグループの話し合いを共有する方法です。授業の残り時間が少ない場合，一番明瞭な理解を示している子どもを意図的に指名して，発表させるのもよいでしょう。

展開⑥　〈混成型テキスト〉範読（お母さんの説明部）と解説 5分

　エクササイズの最後に設けた「お母さん（お父さん）の説明」の部分は，教師が丁寧に範読したほうがよいところです。例えば，「消費税引き上げのニュース」では，2つの記事が同じデータ（世論調査のグラフ）を取り上げているにもかかわらず，発信者によって異なる主張が展開されています。「なぜそのようなことが起こるのか」とあらためて記事を見ると，それぞれの発信者の主張に沿って，異なるデータの解釈が行われていることに気づきます。子どもの表情

を確認しながら，適宜，補助説明をしてあげてください。

　なお，各エクササイズでは，お母さんの説明をできるかぎり簡略にしています。正解はこれだけではありません。「タッケルンのお母さんは，読解方略『●●　○○○』を使って……と解説しているけど，私は，読解方略『●●　○○○』で説明したほうがわかりやすいなぁ」ということもあるでしょう。異なる方略からの視点や，発展的説明については，70頁に教師用解説を付記しています。指導の参考にしていただくとともに，子どもの多様な気づきを大切に扱うことに留意してください。

終末（まとめと振り返り）「読解方略」の抽出と習得　5分

　エクササイズを通して得た気づきを授業の「まとめ」として抽出します。「消費税引き上げのニュース」でいえば，情報を受信する際には「テクスト発信元の目的や意図を検討する」という方略を，子どもの文言やお母さんの説明と関連させながら明文化していきます。

　それに加えて，「今日学んだ方略の用語を使って，この授業で考えたこと，学んだことを振り返って書きましょう」と指示します。「何を学んだのか」を具体的に述べると，「どういった方略を獲得したのか」をメタ認知すること（自覚すること）ができます。エクササイズでの学びを実生活の学びの文脈に転移させるためには，この意識化のプロセス，つまり「振り返り」が大切です。

　さらに方略を記憶として定着させるためには，まとめを音読させたり，ノートに書かせたり，ペアで確認させたりするといったアウトプットをさせるとよいでしょう。

5.2 情報に接する日常的な態度について

　最後に，1つ注意しておきたいことがあります。批判的思考力を発揮して読むことは，情報発信者の「あら探しや」や「揚げ足取り」とは異なるということです。

　世の中に発信されている情報を丁寧に読解していくと「用語が定義されていないじゃないか」「調査方法が曖昧じゃないか」「調査対象が不明じゃないか」などと，目にするものすべての曖昧性を糾弾したくなります。しかし，それをもって「信頼できないデータだ」とすべて一蹴すると，この世の中で信頼できるデータは限りなく少なくなってしまいます。それでは信頼できないデータばかりに囲まれていることになり，私たちは日々の生活を心穏やかに過ごしていくことができません。

　このように指摘していくと，信頼できるデータは，権威ある学会の厳しい査読を通過した学術論文しか残らないかもしれません。さらに，日常的に自分が情報発信者となる場合の精神的な負担も大変大きくなります。ですので，授業を行う先生方は，本エクササイズを扱う当該の子どもたちの生活実感に基づいた常識的な範囲で，過度に敏感にならないよう注意しながら，曖昧性の問題を指摘するように促していただければと思います。

情報を不審に思ったらどうしたらよいか
―複数の情報源（リソース）にアクセスしよう―

- -

　批判的思考力を発揮して読むと，受信した情報に対して疑問を抱くことが多くなります。情報を不審に思った場合はどうしたらよいのでしょう。

　「情報の真偽をどのように判断していったらよいのか」という問いに対して，以前に津田大介が高橋源一郎との対談で次のように回答していました。

　「少なくとも３つの情報リソースにアクセスすることです。第一にインターネットで入手できる情報。第二に書籍。第三に周囲にいる他者。３つの情報源にアクセスすることが大切だと思います。」（文責佐藤）

　インターネットでの情報入手は簡単です。ただし，Web 上にはだれもが簡単に情報をアップロードできるので，発信者が不明な信頼できない情報もたくさんあります。迅速におおまかな状況をつかむといった場面では便利ですが，危うい情報源であると心得て接しないといけないでしょう。

　そこで，このような危険を避けるため，多くのサイトを閲覧することで多面的に考えようとすることでしょう。しかし，検索サイトの AI は我々の嗜好を学習して，我々が好む情報を選り分けて提示してきます。これを〈フィルターバブル〉といいます。自分の嗜好する「情報の泡」の中に閉じ込められて満足し，その状況の危うさに麻痺してしまう状況を指します。Web 上の情報は，すでに偏った形で自分に提示されていると受け止めてください。

　第二にアクセスすべきは紙媒体です。新聞・雑誌・書籍などの紙面上の情報は，Web 情報に比べると格段にその信頼性は高まります。まず書き手は，自らの署名において，責任をもって情報を発信します。出版に携わる編集者は，その情報の真偽や論理を慎重に精査し，著者に助言を与えます。出版社も自社の信頼にかかわりますので，情報の真偽や，情報のもつ社会的な価値や影響力を丁寧に時間をかけて検討します。このように，伝統的に複数のフィルターを通して出力されるため，信頼性の高い情報が発信されます。

　第三にアクセスしたほうがよい情報源は，生身の人間です。つまり，他者と対話することです。他者たちは，その情報をどのように受け止めているのか。自分の解釈は間違ったり偏ったりしていないのか。多様な立場の人から話を聞くことで，自身のバイアスに気づくこともできますし，自分の解釈の妥当性を吟味することができます。

　批判的思考力を発揮する最初の相手は自分自身でした（15 頁参照）。その次に批判的思考力を発揮する対象は「情報源」です。

　さまざまな場面で「対話」の重要性が語られています。ここでも，受信した情報の真偽を他者と対話することが，批判的思考力を発揮するために重要になることを確認しておきたいと思います。

（佐藤）

事実と意見を見分ける

　フリージャーナリストの烏賀陽弘道（2017：21）は，新聞記者を務めたその豊富な取材経験をもとに，「証拠となる事実の提示がない『オピニオン』（意見）は全部捨ててかまわない。／ファクトの裏付けがないオピニオンが社会にとって重要なことはほとんどない。あっても，それは例外的なことだと考えてよい」と，大胆な主張をしています。また，「ある言論に賛同する，信じるかどうかは，その『根拠』である『事実』だけに注意を払えばいい（同：35）」とも述べています。

　これについては，烏賀陽と同じジャーナリストの松林薫（2017：177）も，「ネットの裏情報にせよ，マスコミ情報にせよ，重要なのは『ファクト』に注目するということです。新聞情報でも，1つの記事には『事実』や『推測』『意見』が同居しています。そのうち，信頼していいのは『事実』だけです」と述べており，これは，報道関係者における常識なのだと言えます。

　では，「事実」と「意見」の違いは，どのように見分ければよいのでしょう。

　これについては，下村健一（2015：55-56）が大変興味深い事例を取り上げています。ぜひみなさんもやってみてください。

　「疑惑の△氏はこわばった表情で，記者を避けるように裏口からこそこそと出て行った。……（引用者略）……右のリポートの中の《意見・印象》っぽい部分に線を引いてみよう。」
　＜下村氏の解説＞
　「『疑惑の』と前置きされた瞬間，君は『あ，△氏は怪しいんだ』というレッテルを無意識に貼ってしまう。『こわばった表情で』と言うけれど，最初からゴツい顔の人なのかもしれない。『記者を避けるように』と言うけれど，ただ裏口の方に用事があったのかもしれない。『こそこそと』だって，もともと姿勢が悪くて猫背なのかもしれない。こうして，線を引いた部分を全部取り去って，《事実》描写の部分だけにすると，こうなる。／△氏は，　裏口から　出て行った。／このリポートが伝えている《事実》は，これだけだ。」

　「△氏は裏口から出て行った」というだけの事実が，こんなにも印象が変わってしまうのですから，「修飾語」や「選語」による発信者の脚色には注意が必要です。

　松林（同：149-150）は，事実として信頼性の高い出典を「1 役所や公的機関の作成した文書／2 金融機関や大手シンクタンクの作成した資料／3 一般紙の新聞記事／4 学術書や学術論文／5 版を重ね，専門家にも引用されている書籍」と整理しています。組織的に大勢の点検を経て公に発表された情報のほうが，そうでないものよりも信頼度が高いわけです。

　なお，前述の烏賀陽（同：61）は，「『匿名の情報発信はやめろ』と主張しているのではない。ただ単に『匿名者が発信した情報を受け取る側は，信用性に最低点しか与えない』という事実を述べているにすぎない」とも言っていることを補足しておきます。

（佐藤）

第6章 | いつエクササイズを 実施するか

　80頁では1単位時間の授業で行う展開を紹介しました。このほかにも，エクササイズは異なる目的や場面で行うことができます。例えば次の4つが考えられます。

1　総合的な単元に入る前の「意欲付け」として
2　総合的な単元や教科の「授業教材」として
3　「朝の時間」や「授業の開始10〜15分」など，帯時間を用意して
4　教師が教材研究する資料として

6.1 総合的な単元に入る前の「意欲付け」として

　教科を横断する総合的な単元の導入場面で，本エクササイズを提示します。例えば「情報」や「メディア・リテラシー」などをテーマとする学習の導入として，エクササイズの1つに取り組むことで，「どうして自分は，この仕掛けに気づかなかったのだろう」という「問い」をもたせ，「情報操作に関する仕掛けをもっと知りたい」という意欲や，「情報操作に引っかからない力を身に付けたい」という気持ちを引き出します。

　子どもたちの学ぶ意欲を醸成し，本質的な学びの文脈にエスコートすることで，総合的な大きな単元の学びに誘うことができます。

6.2 総合的な単元や教科の「授業教材」として

　教科の授業とエクササイズを適宜リンクさせて使う方法があります。

　例えば，国語の授業で図表の入った説明的文章を批判的に読むときに，エクササイズをいくつかピックアップして取り組ませます。教科書教材での「読み方」を，エクササイズの読解方略と照らして確認させることができます。

　また，「総合的な学習の時間」の情報教育の場面で，発展的練習問題としてエクササイズを提示して，その評価を行うといった使用法もあるでしょう。例えば，「防災ポスター」（34頁）や「ももの収穫量レポート」（66頁）のエクササイズを取り上げて，プレゼンテーションのための図表の適切さを確かめたり，情報教育で学習すべき内容を確認したりする扱い方です。

　ここでは，各教科の学習において本エクササイズを併用する効果を，例をあげて具体的に説

明します。

　小学校社会「日本の貿易と工業生産」や中学校地理「世界と日本の結び付き」に関する授業で「日本の貿易輸出・輸入品目の変化」を調査するとしましょう。

　みなさんは日本が一番多く輸入しているものは何だと思いますか。

　多くの人が「石油・原油」「木材」「小麦」などといったものを思い浮かべることでしょう。調べてみると，一番輸入している品目は「機械類」であるという図表を目にします。「石油ではないの？」と驚く方も多いことでしょう。

　この授業で，本エクササイズの読解方略③「用語は適切か」を子どもたちに考えさせてみます。すると，「あれっ，この『機械類』って，具体的には何を指すのかな，どこまでが『機械類』になるんだろう」と「用語」の指し示す範囲を知りたくなります。するとその学びはもっともっと深い世界へと導かれるはずです。

　このときの本エクササイズの取り上げ方ですが，授業時間や子どもの実態に応じて臨機応変に取り上げてください。紙面どおりにタッケルン親子の会話や，ヒント，解説までを丁寧に読み上げて取り組ませてもよいですし，左ページ枠内の〈混成型テキスト〉だけを見せて，「みなさん，これを読んで何か気づきませんでしたか」と問い掛け，「実はね，用語が……」と即，教師が解説してもよいでしょう。

　エクササイズを行った後に，「では，日本の貿易の問題に戻ります。このグラフはどうですか」と教科学習の文脈で再度考えると，「『機械類』の『類』の意味範囲」について気になり出して，タブレットで調べる子どもも出ることでしょう。

　このような学びはエピソード記憶となり，読解方略はさらに定着していきます。

　この「用語」の指し示す範囲に関する方略は，さまざまな教科教育の文脈で考えさせたくなるでしょう。「道徳の時間」や「総合的な学習の時間（情報）」でSNSの誹謗中傷の問題を取り上げるとしましょう。「そもそも，SNSって，どこまでを指すの？」「何が誹謗で，何が中傷になるの？」といった用語が気になってくるはずです。理科の「気象のしくみと天気の変化」であれば，「晴れと晴天って，何が違うんだろう」と気になるはずです。発信者がどういう定義やどういう概念でその用語を用いているか，まさに批判的思考力を発揮して読むことが重要であることを学んでいくことになるわけです。

　このように各教科教育の授業でも，本エクササイズは役に立つはずです。

6.3　「朝の時間」や「授業の開始 10 ～ 15 分」など，帯時間を用意して

　帯時間を使って，集中的かつ継続的にエクササイズに取り組む方法です。例えば，国語科の授業では，「授業開始後10分間，漢字テストを行う」といった帯時間を用意している先生も多いことでしょう。図表の入った説明的文章を批判的に読むという単元にて，この漢字テストに充てていた帯時間を本書のエクササイズに充てるという方法です。

また，「総合的な学習の時間」で「情報」を扱う単元の授業開始後10分の時間で毎時間行うという方法もあるでしょう。教師が問い掛けながら授業のように進めてもよいですし，子どものペースで静かに自学させてもよいと思います。

① 個人で自学させる方法

　帯時間を使って一人一人に自学させる方法のメリットは，子どもが自分のペースで進められるところにあります。そして，つまずいている子どもに対して，教師が個別に丁寧に支援することが可能となります。

　しかしながら，自学できない子どもが数人いる場合は教師の支援が追いつきません。この場合はある程度一斉に進めていく必要があるでしょう。また，自学できている場合でも，机間支援での様子に応じて，全体に対して解説したほうがよい場合もあるでしょう。

② 全体で読み進める方法

例）毎週水曜5限の授業開始15分を使って

		月	火	水	木	金
1	8:45〜9:30	特活	算数	理科	国語	国語
2	9:35〜10:20	算数	国語	算数	理科	体育
3	10:40〜11:25	理科	音楽	図工	総合	音楽
4	11:30〜12:15	国語	社会	図工	道徳	算数
5	1:45〜2:30	算数	体育	国語	委員会クラブ	図書
6	2:35〜3:20	社会	総合	外国語		社会

　教師が範読しながら，子どもの理解の様子に合わせて，用語を解説したり，文章をかみ砕いたりして進めていきます。途中で考えさせたり，意見を共有したりする時間は取れません。テンポよく範読していくことになります。

　エクササイズの最後の場面「お母さん（お父さん）は何に気づいたでしょうか。あなたの考えを書こう」の問い掛けまで進んだら，少し時間をとり，子どもに考えさせます。

　時間に余裕があれば，ヒントの部分を順次問い掛けて，子どもに解答させながら進めるとよいでしょう。ペア対話（隣の子どもと相談する）の時間を設けるのもよいでしょう。

6.4 教師が教材研究する資料として

　先生方の教材開発に役立てていただくという方法です。本来であれば，〈混成型テキスト〉の教材としては，現実の記事やニュースを使ったほうが子どもの関心意欲がさらに高まります。しかしながら，現実の記事やニュースを使うことにはむずかしさもあります。ねらいとするスキルを学ぶのにぴったりのテクストでなかったり，記事やニュースの内容理解に時間がかかってしまい，読解方略を意識するまでにいたらなかったりすることも考えられます。このような課題を回避するには，本書のエクササイズをモデルに，子どもたちに合った設定で教材を自作してただくのが望ましいと思います。

　本書のエクササイズは，小学生と中学生を主人公にした家族が展開する仮想世界のストーリーです。小学校の授業で扱う教材は小学生を主人公とし，中学校以上の授業で扱うものは中学生を主人公として設定しています。高校の授業で扱う場合は，仮想世界が子どもっぽく映る

かもしれませんのでそのような場合は，どうぞ登場人物を高校生にアレンジしてお使いいただければと考えます。

　以上，4つの扱いを紹介しましたが，私たち筆者としては，「3」の方法で本書を使うと学習時間を捻出しやすく，一番効果が発揮されるのではないかと考えています。

　槇誠司・佐藤和紀・板垣翔大・齋藤玲・堀田龍也（2017：45-48）は，「小学校第5学年におけるグラフ解釈に関する短時間学習の効果」という研究を発表しています。槇らの研究では，グラフの傾向を読解し，それを根拠にして示された事象について批判する学習を帯時間で14回実施し，その効果を検証しています。14回にわたって10分ずつの学習活動を行った児童は，これを経験しない児童と比較して，グラフ解釈に関するテストの得点が高いことを明らかにしました。帯単元（帯時間）で短いプログラムを繰り返し行うことの有効性を実証しているのです。

　批判的思考力のような資質・能力は，一朝一夕に身に付くものではなく，また知識のように暗記で学べるものでもありません。子どもの生活経験によっても，情報操作のカラクリにすぐに気づく子どもと，気づきのおぼつかない子どもが出てくることも予想されます。

　本書では，「情報の信憑性を評価する作業」に実際に子どもが取り組みながら，読解方略についての気づきを得られるようにエクササイズの形で教材開発を行いました。前述のようなさまざまな学習形態を想定し，教師が十分に説明や解説を行う時間がとれない場合でも，教材の中に「ヒント」を提示することで，子どもが自分で考えるための足場かけとなるように配慮しました。80頁で紹介したように，グループでの話し合いも取り入れながら1単位時間をかけて実施すると，学び合いの相互作用によって気づきが生まれやすくなりますが，そこでもヒントは個人差を埋めるために有効に作用するはずです。

　いずれの学習形態をとるにしても，適切な支援をもとに，子どもが「自分で考えて答えを導く」ことができるかどうか，腑に落ちる理解となっているかどうかが，読解方略を習得する授業のポイントと考えています。子どもたちの実態，先生方のご負担のバランスを考慮して活用いただければと思います。

■ エクササイズ編　文献一覧

有馬淑子（2012）『極端化する社会　―共有知識構造で読み解く集団の心理―』北大路書房

井上尚美（2007）『思考力育成への方略―メタ認知・自己学習・言語論理―〈増補新版〉』明治図書

烏賀陽弘道（2017）『フェイクニュースの見分け方』新潮新書

NTT ドコモ（2022）「データで読み解くモバイル利用トレンド 2022-2023―モバイル社会白書―2022 年 10 月 20 日発表」https://www.docomo.ne.jp/binary/pdf/info/news_release/topics_221020_10.pdf（最終確認 2023 年 7 月 12 日）

吉川芳則（2017）『論理的思考力を育てる！　批判的読み（クリティカル・リーディング）の授業づくり―説明的文章の指導が変わる理論と方法―』明治図書

古賀竣也（2019）「高校生の『読解の文脈』での統計的リテラシーにおける批判的思考の育成」『科学教育研究』vol.43 No.2

国立教育政策研究所（2019）「OECD 生徒の学習到達度調査 2018 年調査（PISA2018）のポイント」https://www.nier.go.jp/kokusai/pisa/pdf/2018/01_point.pdf（最終確認 2021 年 6 月 23 日）

下村健一（2015）『10 代からの情報キャッチボール入門　使えるメディア・リテラシー』岩波書店

中原英臣・佐川峻（2010）『数字の嘘を見破る』PHP 研究所 PHP 新書

藤田亮洋・佐藤佐敏（2020）「〈非連続型テキスト〉を批判的に読む読解力：出典とタイトルに着目する授業プログラムの開発」福島大学人間発達文化学類附属学校臨床支援センター紀要

槇誠司・佐藤和紀・板垣翔大・齋藤玲・堀田龍也（2017）「小学校第 5 学年におけるグラフ解釈に関する短時間学習の効果」日本教育工学会編『日本教育工学会論文誌』41（Suppl.）

松林薫（2017）『「ポスト真実」時代のネットニュースの読み方』晶文社

楽天市場：母の日ギフト・プレゼント特集（2017）https://event.rakuten.co.jp/mother/special/hyogara/（最終確認 2018 年 1 月 25 日）

■ エクササイズ編　注釈

※１　これまでも社会科，理科，国語科，算数科，総合的な学習の時間において，資料の読み取りに関しては，単発的かつ部分的に行われています。しかしながら，網羅的かつ系統的には学ばれていません。

※２　PISA 調査の結果に合わせて昨今，国語科の教科書においても図表を取り入れた説明的文章が掲載されるようになり，単発的ですが，その「信ぴょう性」を評価する言語活動が組織されるようになってきました。

※３　これは，藤田・佐藤（2020）の実践で話し合われた生徒の発言を拾ったものです。紙幅の関係上，対話活動における一部の発言を省略していますが，発言の文言自体については変更を加えていません。

※４　表１のデータは楽天市場：母の日ギフト・プレゼント特集（2017）のサイトを参考に作成しました。

※５　『注文の多い料理店』は，「りっぱな一けんの西洋造り（傍点引用者）」の建物と思い込んだ若い紳士たちが，「げんかんは白い瀬戸のれんがで組んで，実にりっぱなもんです（傍点引用者）」と判断を固め，「はき物のどろを落としてください」という扉の文字を見て，「作法のきびしいうちだ。きっと，よほどえらい人たちが，たびたび来るんだ。（傍点引用者）」と勘違いのドツボにはまっていく物語です。

※６　これを〈エコーチェンバー現象〉と呼びます。反響のよい部屋で同じ音が繰り返されて響くことに由来する用語であり，同じ意見や似た意見ばかりが交流されて考えが偏向したり凝固したりする現象を指します。

※７　学問的背景や学びの目的が異なると，それぞれの文脈における〈着目する対象〉，〈検討する観点〉，〈判断する基準〉も変わります。どのようなフレームで提示するのが学習者にとって一番わかりやすいのか，それぞれの学問領域を紡ぎながら，今後もアップデートしていくことになります。

※８　このグラフの「労働力率」に関しては，中原秀臣・佐川峻（2010：178）を参考に作成しています。

※９　この２つの事例についても，厳密なデータに基づいて「相関関係にある」と述べているわけではありません。わかりやすい事例として取り上げたことをご了承ください。

SNS などの身近な情報の確かめ方

　本書を編集中の 2022 年 12 月 19 日，私の暮らす新潟県柏崎市は大雪に見舞われました。12時間降雪量 62cm は観測史上最大となり，約 800 台の車が道路に立往生し，その様子は全国放送されました。

　この日は朝から除雪をしたところにもどんどん雪が積もる状況で，これは大変なことになるという予感がありました。日本海側の冬の天気は変わりやすいので，私は毎日 3 つの天気予報アプリを使って 1 週間後までの天気をチェックしています。予報に使っているデータやシステムの違いなどから，アプリによって数日後の天気には違いがあることも多く，複数の予報から自分なりに天気を予想するようにしているのです。今回の大雪は，JPCZ（日本海寒帯気団収束帯）が予想以上に市内に懸り続けたことが原因のようでした。

　3 つの天気予報アプリを使って大気の変化を細かくチェックし，予定していた仕事をオンラインに切り替えるなどして，不要不急の外出を控えました。そのため立往生に巻き込まれずに済みました。複数の情報源を利用することにより，精度の高い判断ができることを実感しました。

　幸い自宅で過ごすことはできましたが，一度に降った雪の重さで樹木が倒れ，電線が切れてわが家も 10 時間ほど停電しました。

　その間も「今，除雪の状況はどうなったのか」「道路の立往生は解消されたのか」など，いろいろな情報を得たいのですが，停電している中ではテレビを見ることができません。大雪で道路が寸断されているので新聞も届きません。PC でインターネットを利用しようとしましたが，停電でルーターが動かないので，Wi-Fi が使えません。停電に備えてモバイルバッテリーを準備していたので，スマホのデータ通信を使って，情報を収集することにしました。

　このとき多くの情報が得られたのが Twitter（現在は X に名称変更）でした。SNS はフェイク情報も多く，新聞やテレビと比較して信頼性の低いメディアと言われています。しかし，即時性で言えばこれにまさる情報源はありません。

　確かな情報かどうかをきちんと判断するために私が注意したことは，情報の発信元です。今回の大雪では，市内の国道で自動車の立往生が発生したことから，「市役所」と「国土交通省の国道事務所」の公式アカウントをフォローしました。そこにプラスして，個人の発信を検索しました。

　地域の人たちのつぶやきには，助け合いのために，善意で発信されている情報がたくさんありました。幹線道路以外の除雪状況など，地元ならではのものも多く，公式アカウントと併用することで貴重な情報となりました。

　地震，水害，大雪など，10 年に一度と言われるような自然災害が日本列島の至るところで発生している今日です。私たちはいかにして情報を得て，それを自分の責任において正しく判断していくことが求められいることを，今回の災害を通じて，あらためて感じました。

（中野）

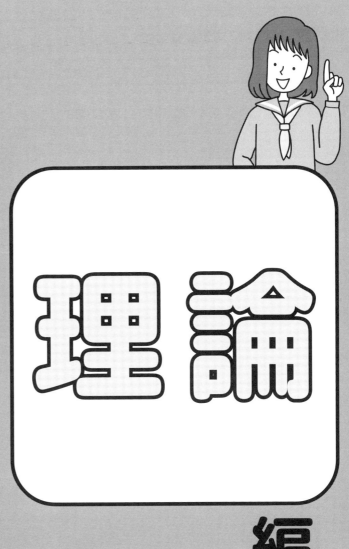

理論

編

第7章 本研究の位置付け

　私たちが受信する情報には，さまざまな種類（内容や形式）があります。その中にあって，本書では「表やグラフを含む〈混成型テキスト〉の信憑性」を評価する読解力を身に付けることをねらっています。そこで，ここからは，ターゲットとした〈混成型テキスト〉の理論的枠組みや背景について述べていきます。

　最初に，本書が各学問領域の中でどういった位置付けにあるのかを，対象となるテクストの性格と関連させて述べたいと思います。

7.1 テクストの種類

　本書に登場する「テクスト」という表現には，なじみのない読者が多いかもしれません。筆者の佐藤が専門とする国語の世界では，文学批評の対象となる作品（本文・原文）を示す用語として「テクスト」を用いるのが一般的です。また，一般的に「テキスト」というと，文字や文章，教科書（テキストブック）を思い浮かべる人が多いと思います。後述するように，本書では読解の対象を文字や文章よりも広く捉えています。そこで本書では，読解の対象とするマテリアルを示す言葉として，「テキスト」ではなく「テクスト」という用語を基本的に用いることにしました。

　ただし，PISA調査の分類では，〈連続型テキスト〉〈非連続型テキスト〉などの用語が定着していることから，これらの用語については例外的に「テキスト」の表現を用います。

　本書では，テクストの種類について，OECDの学習到達度調査（PISA調査）で使われている「読解リテラシー（Reading Literacy）」の分類を適用します。各学問分野の研究によってテクストはさまざまに定位できますが，PISA調査で採用している分類が最も標準的に広く認知されていると考えるからです。

　国立教育政策研究所（2010：5）は，PISA調査で扱うテクストの分類について次のように定義付けています。

・連続型テキスト

　文と段落から構成。物語，解説，記述，議論・説得，指示，文書または記録など

・非連続型テキスト

　データを視覚的に表現した図・グラフ，表・マトリクス，技術的な説明の図，地図，

書式など
・混成型テキスト
　　連続型テキストと非連続型テキストを組み合わせたもの[※10]
・複合型テキスト
　　独立したテキスト・データを組み合わせたもの。ウェブサイトの情報など

　本書が読解の対象として扱うのは，この中の〈混成型テキスト〉です[※11]。
　〈混成型テキスト〉と〈複合型テキスト〉の定義については，この説明だけではわかりにくいでしょう。その相違について足立幸子（2015：124）が説明しているので引用します。

　　混成型テキストとは，連続型と非連続型双方の諸要素からなる，統一的な媒体である。例えば，グラフや表が埋め込まれた説明文などがそれにあたる。複合型テキストは，別個に生成され，別個に意味をなす複数のテキストが，並置されたり，ゆるく結び付けられたりしたものである。例えば，異なる企業が作成した旅行のアドバイスを提供する複数のウェブサイトなどがそれにあたる。これらの複数のテキストの関係は，相補的であったり，反対に矛盾しあったりする。複合型テキストは全く単一の形式（連続型など）からなる場合もあれば，連続型テキストと非連続型テキストの双方のテキストを含む場合もある。

7.2 テクストを読解する手順と各学問領域の関係

　一般的に，私たちはあまり意識せずに情報の信憑性を評価していることでしょう。感覚的に「信頼できそうだ」「なんかうさんくさいぞ」といったように情報を受け止めています。しかし，情報を丁寧に評価する場合，次のような思考のプロセスをたどって情報の信憑性を評価しているのではないでしょうか。
　この思考の流れは，そのままテクストを評価する手順となります。

〈混成型テキスト〉の信憑性を評価する手順

（1）テクストの主張を確認する。

（2）発信者の目的と意図を探る。

（3）データを確認する。

（4）主張と，主張を支える根拠（データ）の整合を考察する[※12]。

（5）このほか，テクスト全体を丁寧に読み，不自然なことはないか確認する。

（6）気づいたことを仲間たちと対話する。

（7）評価し合ったことを再構築し，文字言語として表現する。

発信される情報には，すべて発信者の主張があります。そして，その主張の背景には発信者の目的や意図があります。

　発信者の主張を確認したり，発信者の意図を捉えたりする学習は，従来，国語科の説明的文章の授業で行われてきました。「筆者の主張は何だろう」「筆者の目的は何だろう」といった読みの授業です。そして，テクストで述べられている事実を正確に読み取ったり，その要旨をまとめたりするのは，国語科の授業で培ってきた読解力でした。

　説明的文章の授業では，筆者の主張を押さえたら，その主張を導いている事例の根拠や理由を確認して，その推論の妥当性を探ります。主張と根拠（データ）と理由の３つの論理的整合性を検討するわけです。〈混成型テキスト〉では，このデータ部分が文字記号ではなく表やグラフになります。言うまでもないことですが，この表やグラフの読解は算数・数学科，統計学の分野になります。

　算数・数学科，統計学の知識を活用して表やグラフを読解したら，次にテクスト全体を俯瞰し，文字言語で説明されているテクストとの整合を評価し，その結果をわかりやすく説明できなければなりません。これが手順（5）（6）（7）の作業になります。このときに働くのは，図形を証明するときに発揮されてきた算数・数学科の論理的表現力であり，主張と事例の整合を説明するという観点からいえば，もともと国語科で培ってきた論理的表現力です。書く作業による文字での説明であっても，他者と対話する口頭での説明であっても，読み手や聞き手にわかるように，適切な用語を選びながら可能なかぎり端的かつ論理的に伝える力が必要となります。

　批判的思考力を発揮して〈混成型テキスト〉の信憑性を評価する学びの基本は，この（1）～（7）の手順を追うことになります。

7.3 メディア・リテラシーの視座から見た枠組み

　用語は扱われる分野やその文脈において，さまざまに定義されます。表やグラフを読む力は，もともと〈ヴィジュアル・リテラシー〉の一部でありますし，TVや新聞，インターネットのWeb上で報道される媒体の文脈に載せれば〈メディア・リテラシー〉の一部ということになります。

　では，本書が扱う〈混成型テキスト〉の信憑性を評価する読解力は，メディア教育の視座から俯瞰するとどういう位置付けにあたるのでしょう。中橋雄（2017：4-5）は，〈メディア・リテラシー〉の構成要素を次のように分類しています[13]。

（1）メディアを使いこなす能力
（2）メディアの特性を理解する能力
（3）メディアを読解，解釈，鑑賞する能力
（4）メディアを批判的に捉える能力

（5）考えをメディアで表現する能力

（6）メディアによる対話とコミュニケーション能力

（7）メディアのあり方を提案する能力

　本書の読解で発揮させるのは（3）と（4）の能力であり，特に（4）「メディアを批判的に捉える能力」の向上に焦点化しています。

　ここで留意しなければならないのは，これらのリテラシーの育成に関して研究者の間でスタンダードになっている方法論についてです。

　久保田賢一（2017：41）はメディア・リテラシーを培う方法について「スモールステップで順を追って学習を進めることではない。問題状況におかれた子どもたちが，議論し合い，何が問題なのか合意を形成し，試行錯誤を繰り返しながら，問題解決に向けて取り組む」ことを重視しており，「メディア作品を創造するプロジェクト学習と呼ばれる学習が適している」と述べています。

　筆者らもこの見解に反対はしていません（後述120頁）。しかしながら，本書ではあえてスモールステップ化したエクササイズを集中的に用意しました。

　サッカーを例に理由を説明してみましょう。サッカーの技術は，本番さながらの試合を繰り返すことでその総合的な能力を最も向上させるでしょう。しかしながら，全くの初心者がいきなりピッチに放り出されても，右も左もわからず立ち往生するだけです。チームとしてプレイができるようになったあとも，パスワークの連携が不十分であれば，そこに特化したトレーニングもするはずですし，セットプレーが弱ければそれに絞った練習をすることでしょう。ウィークポイントに絞ったトレーニングが必要な場合は現実的にあるわけです。

　もちろんトレーニングばかりしていても本番の試合でそれを発揮できるわけではありませんので，本書で培う個別のリテラシーについても，いずれは全体を俯瞰する学びの文脈に還す必要があります。ただ，弱点補強のためにエクササイズを複数用意してねらいを絞って取り組ませることには意味があると考えます。この方法論には，どなたも反対されないことでしょう。

7.4 〈混成型テキスト〉の信憑性を評価する読解力の育成とは

　さて，それでは，〈混成型テキスト〉の信憑性を評価する読解力とは，どのような思考過程を経て育成されるものなのでしょうか。

　奥泉香（2018：118）は，テクストの受信に当たっては，「その対象をなぜ選び，どのようにテクスト化する際に『変形』したり『創案』を施したりしたのかという点にも着目し，これらによって何ごとが語られているのかを意味構築することが重要である」と述べています。これを表やグラフの読解に適応すれば，「なぜ，その表やグラフを選び，どのようにヴィジュアル化する際に変形したり創案を施したりしたのか」に着目させることが重要になります。

これまでも国語科の説明的文章の授業では，「筆者は，なぜその事例を取り上げたのか」，または「主張を支えるためにどのような工夫をしたのか」という学びが行われてきました。この説明的文章の発信者の意図と取り上げられた事例や根拠（データ）の整合を検討することが，情報の信憑性を評価する読解力にとって重要になってくるということです。

　発信者の発信意図とデータの関係については，もうすでにこの領域においては古典となったダレル・ハフ著『統計でウソをつく法』（原著 How to Lie with Statistics, 1954）に始まり，多くの著作物が「加工されている情報」に対する受信時の問題を指摘してきました。しかし，日本の学校教育では，発信者の意図とデータの関係といった学習を国語科，算数・数学科，社会科といった教科に落とし込みにくく，明確な学習内容に位置付けられることはありませんでした。

　批判的思考力を発揮して情報を受信する読解力の重要性が本格的に学校教育の中で語られるようになったのは，PISA 調査の読解力の思わしくない結果が発表された最近になってからです。そのため，本書を執筆している 2023 年現在においても，情報の信憑性を評価する読解力を育成するための方法論も確立されていません。

　〈混成型テキスト〉の読解力を育成する各教科の実践的研究は近年始められたばかりです。したがって本書のように教科横断的にさまざまな研究分野の研究者や実践家が，それぞれの知見や智恵を出し合って学際的に取り組んでいく必要があると考えます。

　では，その PISA 調査が発表されてから，国語科や算数・数学科，他の教科では，どのように本件が扱われてきたのか，次章にて教科ごとに概観してみましょう。

「自分の物語を生きる時代」に

　現代は個が尊重され「自分の物語」を生きる時代です。「自分の物語」を自ら創り出す時代です。既成の物語，だれかの物語，教えられた物語はいりません。借り物の物語は全く重要ではなく，「自分の物語」をどう生きるか，それこそが大事な時代です。

　このような言説は否定することのできない現代の正義です。私も否定するつもりはありません。しかし，〈ポスト真実〉の時代を迎え，とても不安になることがあります。

　「ポスト真実（post-truth）」とは，2016年の英オックスフォード英語辞書によると「真実かどうかは問題ではない。自分が信じたいものを信じる」という意味ですが，〈ポスト真実〉の時代では人々は各々が自分の信じたい物語だけを信じ，信じたくない物語を「嘘である，偽物である」と判断します。何がフェイク（嘘）で，何がファクト（事実）かわからないから，みな，自分にとって都合のよいもの，自分にとって心地よいものだけを信じるわけです（日経ビジネス，2017）。

　「ポスト真実」が進行すると，自分にとって不都合な事実は見ない，聞かない，事実はどうでもよくなり，事実を丁寧に調べよう，事実に基づいて考えようとしなくなっていきます。そして，自分を少しでも気持ちよくさせてくれる物語だけに耳を傾けるようになります。その結果が招くのが，世界の分断です。

　たしかに，フェイクで装飾しなければ息苦しく生きていくことができない，フェイクを信じることで自らの存在価値を見いだし，自らの人生を肯定するしかない環境にいる人が存在することも理解できます。本件について津田大介（2017：223）は，「新たな対立の狭間で，窪みに落ち込んでしまった人たちがたくさんいて，出口を探している。そういう状況で，ポスト真実に光を見ている人がたくさん出てきている」と述べています。偽りの物語に光を見ている人たちを救う政治的手立ても必要でしょう。

　しかしながら，虚構の世界では，人々はけっして交わることがありません。たとえ心地よくないファクトでも受け止め，不都合な事実も受容した「自らの物語」を創り出していくしたたかさが，今の時代を生きる私たちに求められているのではないでしょうか。

　時に，事実を直視することは自らを傷付けることになるので精神的負荷がかかります。ともすると，自分にとって居心地のよいフェイクの世界に逃げ込みたくなります。しかし，未来を生きる子どもたちには，「自分の物語」がフェイクであってはならないことを語りたいものです。ファクトを引き受ける強さをもってもらいたいものです。

　自らに都合のよい物語を創る前に，事実を受け入れる，そして事実に基づいた「自分の物語」を創り，その物語を生き抜く，そういった教育が求められていると筆者は考えます。

（佐藤）

第8章 | 国語科教育からのアプローチ

　さまざまなテクストを読解対象とする「PISA 型読解力」については，2006 年に 15 位と低迷して以来，日本の重要な教育課題の 1 つであり，2015 年においても「表と文章の読み取りが正確にできておらず」「比較的長い非連続型の文章を読み，解答」する際の情報の見落としが目立ったと指摘されています（国立教育政策研究所 2016：2）。

　つまり，この十数年，日本の生徒たちは〈非連続型テキスト〉や〈混成型テキスト〉の読解の改善を見ぬまま，ずっと不得手としていたのです。

　かつて中村敦雄（2001：11-12）は「文章と絵や図表，ナレーションやテロップを伴った映像など，私たちは融合されたメディアと毎日関わっている。……（引用者中略）……国語科を『言葉だけの教科』ではなく，『言葉を中核とした教科』ととらえ，メディアの進歩に対応した学習活動を行う」ことを奨励していました。しかし，国語科教育で〈非連続型テキスト〉や〈混成型テキスト〉が読解の対象に位置付けられたのは最近のことです[※14]。

8.1 国語科教育の概観（学習指導要領とのかかわり）

　本件について，2017 年告示の小学校（中学校）学習指導要領ではどのように記載されてい

領域	学習過程	学　年	指導事項
読むこと	精査	小学校 第 5 学年及び 第 6 学年	ウ　目的に応じて，文章と図表などを結び付けるなどして必要な情報を見付けたり，論の進め方について考えたりすること。（38 頁）
		中学校 第 2 学年	ウ　文章と図表などを結び付け，その関係を踏まえて内容を解釈すること。（127 頁）
	解釈	中学校 第 3 学年	イ　文章を批判的に読みながら，文章に表れているものの見方や考え方について考えること。（127 頁）
			ウ　文章の構成や論理の展開，表現の仕方について評価すること。（127 頁）

※文部科学省（2018a, b）より（表内の波線は引用者）

るのでしょう。

　読む対象としては，同じ形式で書かれた一続きの文章のほか，「異なる形式で書かれた文章が組み合わされているもの，概念図や模式図，地図，表，グラフなどの様々な種類の図表や写真を伴う文章が挙げられる。（文科省2018a：142）」とあり，〈混成型テキスト〉も国語の授業で扱うテキストであることが明記されています。

　また，その教材の取り扱いとして，「表やグラフの読み取りが学習の中心となるなど，他教科等において行うべき指導とならないよう留意する必要がある。（同：同）」と説明しています。表やグラフの読み取りが学習の中心になると他教科の学習内容になり，表やグラフが説明的文章を補完している場合は，国語科の読解の対象となるということです。

　文章を批判的に読むことに関しては，「説明的な文章では，例えば，文章中で述べられている主張と根拠との関係が適切か，根拠は確かなものであるかどうかなど，述べられている内容の信頼性や客観性を吟味しながら読むことが求められる。（同：127-128）」と述べています。これらの表記から，〈混成型テキスト〉を批判的に読む学習は，国語科の学習範囲になることが理解できるでしょう。

　また，同学習指導要領には，「資質・能力の育成に向け，『情報の扱い方に関する事項』を新設し，『情報と情報との関係』と『情報の整理』の二つの系統に整理して示した。（同：9）」とあります。この「情報の扱い方」について小・中学校のそれぞれの学習指導要領解説国語編をもとに一覧にすると次のようになります。

小学校及び中学校「(2) 情報の扱い方に関する事項」の指導事項

		情報と情報との関係	情報の整理
小学校	第1学年及び第2学年	ア　共通，相違，事柄の順序など情報と情報との関係について理解すること（124頁）。	
	第3学年及び第4学年	ア　考えとそれを支える理由や事例，全体と中心など情報と情報との関係について理解すること（124頁）。	イ　比較や分類の仕方，必要な語句などの書き留め方，引用の仕方や出典の示し方，辞書や事典の使い方を理解し使うこと（125頁）。
	第5学年及び第6学年	ア　原因と結果など情報と情報との関係について理解すること（124頁）。	イ　情報と情報との関係付けの仕方，図などによる語句と語句との関係の表し方を理解し使うこと（125頁）。
中学校	第1学年	ア　原因と結果，意見と根拠など情報と情報との関係について理解すること（23頁）。	イ　比較や分類，関係付けなどの情報の整理の仕方，引用の仕方や出典の示し方について理解を深め，それらを使うこと（23頁）。
	第2学年	ア　意見と根拠，具体と抽象など情報と情報との関係について理解すること（23頁）。	イ　情報と情報との関係の様々な表し方を理解し使うこと（23頁）。
	第3学年	ア　具体と抽象など情報と情報との関係について理解を深めること（23頁）。	イ　情報の信頼性の確かめ方を理解し使うこと（23頁）。

表にあるとおり，「情報の信頼性の確かめ方を理解し使うこと」の指導内容は中学校３学年で行うことになっています。これは，学習内容を系統的に並べたためだと思いますが，中学校３年生から行うのでは遅すぎると筆者らは考えています。

8.2 〈混成型テキスト〉で発揮する批判的思考力

間瀬茂夫（2017：104）は国語科授業における推論的読みと批判的読みの国語教育史を整理しながら，「批判的読みについては，早くに提唱されながら学校現場では依然として浸透しにくいという実践史的現状がある」と述べています。

批判的思考力（クリティカル・シンキング）の研究者であるアレク・フィッシャー（2005：15）はマイク・スクライヴンを引用しながら「単にクリティカルになろうとする〝つもり〟だけでは，思考（シンキング）がクリティカルになるわけではない」と述べています。フィッシャーの言うように，「批判的に読もう」と意識するだけでは，批判的に読解することはできません。批判的に読解するためには，そのための方略が必要なのです。

国語科教育学において，論理的思考力や批判的思考力を育成する方法を，いち早く具体的に提示してきたのは井上尚美でした。井上（2007：93）は，「批判的な読みのチェックリスト」を作成しており，そこでは，「語の用法は明確であるか」「証拠となる資料・事例は十分に整っているか」という具体的文言を明記しています。「語の用法は明確であるか」は，「語」という〈検討の対象〉に対して明確性という〈判断する基準〉で評価する読みを指します。また，「証拠となる資料・事例は十分に整っているか」は，「証拠となる資料・事例」という〈検討の対象〉に対して十分性という〈判断する基準〉で評価する読みを指しています。

これを受けて吉川芳則（2017：40-43）は「批判的読みの基本的なあり方」として，「必要性」「妥当性・適切性」「整合性」「十分性・納得性」「曖昧性」という基準を設けました[15]。例えば，「図表・絵・写真等」を「必要性」という基準で読むと「『なぜ筆者は，この図表や写真を入れたのだろう？』と考える読みとなる（同：81）」と説明しています。このように検討の対象，観点，基準といったものを具体的に設けて読むという方略を前景化することで批判的にテクストを評価することが鮮明になります。

ただ，単に「批判的に読みなさい」と指示をしても，「何を」「どう読めばよいのか」がわかりません。「批判的に読む」ためには，まず，「何を」対象として「何を」観点として批判すればよいのかがわからないと読めないわけです。「どう読めばよいか」，その判断基準がわからないと読みようがないのです。

そこで筆者らは，本研究において，井上と吉川の研究の系譜を受け継ぎ，〈着目する対象〉，〈検討する観点〉，〈判断する基準〉を選定しました（18-19頁）。〈混成型テキスト〉にだまされずに，その信憑性と質を評価するために，「何に着目」し「何を観点」として「どう判断するか」を考えさせる読解方略です。

8.3 国語科教科書にある〈混成型テキスト〉

　前述のとおり，2017年告示の小学校（中学校）学習指導要領に「情報の扱い方に関する指導の改善・充実」が記されてより，国語科の教科書では，表やグラフ，図，写真などを合わせた〈混成型テキスト〉が積極的に掲載されるようになりました。

　まず最初に2020年度版の小学校の教科書をひもといてみましょう。対象としたのは，東京書籍，光村図書，学校図書，教育出版の4社の教科書です。表やグラフを読解の一部として掲載した教材は，東京書籍，光村図書，教育出版にありました。実際に，この表やグラフを読解対象としてどのような学習活動を促しているのか，いくつかの教材で確認してみましょう。

■東京書籍『新しい国語三上』「『ほけんだより』を読みくらべよう」

学習の手引きには次のように載っています（東京書籍2020：99）。

　二つの文章には，どちらも図や表が使われています。文章とどのようなかんけいがあるか考えましょう。
　・図や表が，文章のどの部分を説明しているかをたしかめましょう。
　・もし図や表がなかったら，それぞれの文章のつたわり方は，どうなるでしょうか。

そして，その学習のまとめは次のように整理されて提示されています（同：100）。

　（言葉の力）書き手のくふうを読み取る
　同じことをつたえる文章でも，書き手が何をいちばんつたえたいのかによって，事がらの取り上げ方や，説明の仕方はちがってきます。内ようだけでなく，そうした書き手のくふうを読み取ることも大切です。書き手のくふうは，図や表の使い方にも表れます。図や表があるときには，文章とのかんけいを考えながら読みましょう。

■光村図書『国語五銀河』「固有種が教えてくれること（著：今泉忠明）」

学習の手引きに相当する箇所に，「見通しをもとう」という項目のもと，次のように記載されています（光村図書2021：146）。

　資料を元いた文章の効果を考え，それをいかして書こう
　・文章と図表やグラフ，写真を結び付けて読み，筆者の論の進め方について考えよう。
　・目的に合ったグラフや表を用いて，自分の考えを文章に書こう。

また，この説明文の後には，「統計資料の読み方」が記載されています（同：148）

単位や目もりに注意して読む

　　同じ内容のグラフや表でも，単位や目もりによって，印象が大きく変わります。数字を
きちんと確かめましょう。

調べた時期や対象を確かめる

　　同じような調査の資料でも，調べた時期や対象によって，結果がことなる場合がありま
す。いつ，どのように調べたものかを確かめましょう。

では，続けて2021年度版中学校国語科教科書をひもといてみましょう。

東京書籍，光村図書，三省堂，教育出版の4社で調査しますと，3社で，やはり小学校教科
書にあるような説明的文章で図表やグラフを掲載している教材が掲載されています。それに加
えて中学校国語科教科書では，中学校学習指導要領解説国語編の3年「読むこと」の精査・解
釈にあたる「文章を批判的に読みながら，文章に表れているものの見方や考え方について考え
ること。（文科省2018a：127）」に応じて，情報の取り扱い方それ自体を説明している特設
資料が登場します。それぞれの扱いを確認しましょう。

■東京書籍中学校『新しい国語3』

巻末資料で次のように説明しています（東京書籍2021：309）。

　　私たちの周りには，さまざまなメディアから発信される多種多様な情報があふれている。
その中には，不正確なものや根拠のないものも含まれている。情報を吟味し，信頼できるも
のを選び出そう。

情報のここに着目

　①メディアの特徴を知る

　②情報の発信者・日付を確認する

　　・官公庁や，大学などの専門研究機関，その分野の専門家の情報は，一般の人が発信す
　　　る情報よりも信頼性が高いと考えられる。

　　・新しい発見や研究成果などによって，それまで事実とされていたことが変わることが
　　　あるので，情報の日付に注意する。

　③出典情報・参考文献を確認する

　　・引用されている文章や図表などの出所（出典）や参考文献に遡ると，述べられている
　　　事実の確かさや，考えの根拠を確認することができる。

吟味のポイント

　　私たちがメディアを通して受け取る情報は，誰かの考えで選別され，編集されたものだと

いうことに注意しよう。例えば，新聞・テレビなどの報道は，客観的な事実として受け取られることが多いが，記事や番組をいくつか比較してみれば，伝える内容や伝え方に違いがあることがわかる。

　最初に目に触れた情報が全てだと思い込まないで，常に「異なる考えはないか」「別の見方はできないか」という意識を持って，更に情報を探すように心がけよう。そして疑問点を見つけたら，情報源まで立ち戻り，信頼性を確かめるようにしよう。

■ 三省堂中学校『現代の国語２』

「読み方」を教えるコラム欄で次のような説明をしています（三省堂2021：96）。

補い合って高まる説得力
　文章と図表との関連の仕方には，互いに内容を補完し合っている場合や，文章が図表の解説になっている場合などがあります。それぞれの図表が文章のどの部分と関連しているかを確認することが重要です。また，筆者はなぜその図表が用いているのか，その図表を用いられていることにどのような効果があるのかを考えましょう。

　▶文章と図表の対応を確かめることで，筆者の考えや考えのもととなる事実を的確に理解することができる。

■ 光村図書中学校『国語２』

　特設ページはありませんが，科学的読み物の説明的文章（「クマゼミ増加の原因を探る」沼田英治）の学習の手引き（学習の窓）において，紙幅を割いてかなり踏み込んだ内容が掲載されています（光村2021：50-51）[※16]。

（読み深める）
①三つの仮説に対する検証の内容とその結果を，それぞれ文章中の言葉を用いて簡潔にまとめよう。
②文章中のグラフや模式図，写真などは，それぞれ，何のために示されているのだろうか。対応する文章との関係を基に考えよう。
③検証の結果，「研究のきっかけ」に示された大きな仮説は証明されたといえるだろうか。「まとめ」を読んで自分の考えを説明しよう。
（学習の窓）　文章と図表を結び付けて読む
●図表が入った記事や資料を読むときには，その図表が何のために示され，文章のどの部分と，どのような関係で結び付いているかを読み取ることが大切である。

【図表の効果】

●意見を支える根拠になる。(表・グラフなど)

　→　実験や統計の結果，得られた数値を事実として示す。

●視覚的に情報を伝えられる。(模式図・写真など)

　→　筆者の考えを整理して示したり，言葉では説明しにくいものをわかりやすく伝えたりする。

【図表を読むときには】

●筆者が図表のどの部分について，どのような観点から説明しようとしているかを的確に捉える。

【図表を読むときの主な観点】

　・数値…最大値・最小値などの特徴的な数値。

　・変化…増加・減少，変化の大きさ，変化のしかたなど。

　・違い…数値や項目を比較したときの違いなど。

　算数・数学科の学習にまで及んだ観点が掲載されていることが理解できると思います。ここまで細かくはないですが，東京書籍も三省堂も，説明的文章の学習の手引きでは同様に，表やグラフの取り扱い方に関する学習課題が提示されていました。

　このように，表やグラフと文章との関係性を読み解くことは国語科の授業の学習内容に位置付けられており，中学校では「図表の効果」を考えさせるだけでなく，「日付」や「最大値と最小値」など，「何を検討するか」という観点についても明示されていることが確認されました。ただ，いずれもそれは一部の例示にとどまり，その観点のすべてが網羅されているわけではありません。

　そこで本書では，それを読解方略一覧として，〈検討する観点〉という上位概念と〈判断する基準〉という下位概念に分けて提示しています(本書 18-19 頁)。

8.4 国語科教育における〈混成型テキスト〉の実践例

　国語科教育における〈混成型テキスト〉を用いた実践でまず思い浮かぶのは，挿絵や写真とテクストとの往還を図る授業でしょう。特に小学校低学年では，挿絵や写真を活用しながらテクストを読解する授業は日常化しています。中学校においても，古文の入門では絵巻や絵屏風などとテクストを絡めるといった授業が行われています。

　では，読解の手がかりとしての挿絵や写真などでなく，表やグラフを扱う〈混成型テキスト〉を読解する実践事例はどのようになっているでしょうか。

　ここでは，次の３つの学会機関誌と教育雑誌について，筆者の菅原が 2000 年度から

2020年度までの21年度分の論文や記事を調査してみました。

　　・『月刊国語教育研究』日本国語教育学会発行　242号分

　　・『国語科教育』全国大学国語教育学会発行　43巻分

　　・『教育科学国語教育』明治図書発行　265号分

すると，〈混成型テキスト〉を読解する3つの実践にヒットしました。

① 「説明文・写真・グラフの『読みの力』をつける」という実践。「なぜ円グラフが選ばれたのか」「グラフと説明文との関係で気づいたことは何か」といった学習課題を設定し，図表とテクストとの関連に対する思考を促す（左近妙子，2005：77-80）。

② 「実社会で求められる能力の育成―話し合い学習を通して―」という実践。「完全失業者率と有効求人倍率が示された折れ線グラフ，完全失業者数が示された棒グラフ」などの新聞から切り抜いた〈非連続型テキスト〉を分析し，その上で，「ニート」に関する考察を深める（黒川治彦，2006：44-45）。

③ 「『読むこと』『書くこと』を縒り合わせる単元づくり　単元名：SOS！地球が危ない―図表を活用した意見文―」という実践。読み書き関連学習の一環として，図表の読み取り方を学ばせた後に，その図表を活用して意見文を書く（武富久子，2008：40-41）。

　　20年間500冊以上の教育機関誌を調査して，わずか3つの実践にしかアクセスできなかったというは，2020年まで国語科の授業で〈混成型テキスト〉を扱うことが標準ではなかったということを示していると言えるでしょう。しかし，学習指導要領の改訂に伴い教科書教材も充実してきましたので，今後これらの実践研究は加速度的に増えていくことが予想されます。

　　次に，「情報の信憑性を評価する実践」についてはどれくらい報告されているのかを，菅原が同様に調査してみました。すると，この実践は4件ヒットしました。

① 「情報の裏付けをとらせよ」という実践において，「情報の発信者は誰か」「オリジナルの情報源はどこか」「いつの情報か」といったことを指摘させた。子ども向け記事ではなかったために難度が高かったことが報告されている（高橋勲，2001：65-69）。

② 「指導の系統を意識した教材配列を―『話題』にとどまらせることなく―」という実践において，スーパーの広告や栄養補助食品の広告などを題材に，主張と理由付けの関係を吟味させ，説明が不十分であることを指摘させた（舟橋秀晃，2005：16-21）。

③ 「文章を吟味・検討する力の育成」という実践において，「セールスの落とし穴を見破ろう」というテーマのもと，その宣伝文句を吟味する学習活動を組織。論拠や主張を疑いながら情報を吟味するという読む力を育成する必要性に言及（渡辺真由美，2002：83-86）。

④ 「『情報の扱い方に関する事項』を意識した授業」という実践において，メディアに関する本を一冊読み，その本を要約し，紹介する活動。この実践では，生徒たちの多くがフェイクニュースの具体例を取り上げており，情報の収集と分類において成果があったことが

述べられている（小川一美，2020：40-41）。

　4つの実践すべてにおいて，情報を批判的に読むことができた学習者の姿が報告されています。しかしながら，いずれも単発の実践報告であったため，全員または大半の学習者においてその力が育成されたかは明らかにされておらず，その実証を目的には書かれていませんでした。また，情報の信憑性を評価するために，「何を観点として」「どのように判断するのか」といった方略が学習者に身に付いたのかどうかは不明でした。

8.5 国語科教育における〈混成型テキスト〉の整理

　これまで確認してきたとおり，小・中学校の国語科において図表やグラフを含んだ〈混成型テキスト〉の教材化は進行し，図表やグラフとテクストの往還を図る授業も増加の傾向にあります。全国学力・学習状況調査における問題（国語）では，例年のようにさまざまなグラフや図とテクストの往還を図って解かなければならない〈混成型テクスト〉を扱った問題が出題されています。文部科学省においても殊に重要な学力であると考えていることが推察されます。
　しかしながら，小学校では，批判的思考力を発揮させて教材を読むところには踏み込んでいません。中学校の教科書では「文章と図表を結び付けて読む」という学習の手引きも用意され，図表とテクストを関連付けるための具体的な観点も記されるようになっていますが，ここでも，情報の信憑性を評価するための読解方略が網羅されているかというと，その学び全体を被覆している状況にはありません。情報の信憑性を評価する契機を与えるといった形で提示されているという様相です。
　筆者らは，この申し訳程度の学習経験で済ませている教育現場の状況を危惧し，本書の執筆に踏み切っています。

授業でファクトチェック（事実確認）を重視する

　コラム8にて，ポスト真実の時代，人々が自分にとって居心地のよい「自分の物語」に逃げ込み，なにがファクトかわからなくなった結果，世界の分断が起こっていると述べました。

　国語科教育の視座からこの問題を直視するとき，「自分の物語」を自ら創り出すことに強く荷担している現代の国語科教室に，筆者は疑義の念を覚えてしまいます。

　小説などの文学の読みが収束するのは，作者でもテクストでもなく，読者です。文芸思潮では，かつて〈作家論〉から〈テクスト論〉へ，そして〈読者論（読書行為論・読者反応理論）〉へとパラダイム転換されました。文芸理論に則れば，読みは作家に求めるのではなく，テクストに求めるわけでもなく，読者によって編み出されることは自明です。

　したがって，いまの国語科の授業では，読者が自分の読みを自ら紡ぎ出すことが奨励されています。歴史も然り。歴史は解釈史であり，事実はどこにもありません。

　これらの人文科学における理論を筆者は否定しません。しかしながら，分断された社会を目にすると，「自分なりの読み」「わたしなりの解釈」こそを大切にしてきた学びの集積が，事実を軽視して，自らの狭く閉じた物語の世界を生きる現代の人々を作り出しているのではないか，と思われてしまいます。そのことに危機を覚えるのです。

　現在ポスト真実の時代であるからこそ，ファクトチェック（事実確認）を大事にしようとする動向がみられます。政治家の言説やマスコミの流す情報を率先してファクトチェックするファクトチェック・イニシアティブ（通称「FIJ」）というNPO法人も現れました。フェイク（嘘）があふれる時代だから，ファクト（事実）を重視しようとする人たちです。

　国語科教育においても，「テクストに何がどう書かれているのか」，それを丁寧に追い，正確に引用することを学ぶことは大切にされるべきでしょう。テクストから遊離しそうになった者にはテクストに戻ることを勧め，テクストを無視して自分だけの物語を創ろうとする者にはファクトチェックを促す，そういった学びの支援が必要でしょう。

　国語の授業であれば，子どもの意見や解釈に対して「どこに書いてありましたか」「そのように考えた根拠はテクストのどこにありますか」と丁寧に問い返すことが重要です。そしてこれは，国語に限った話ではありません。

　すべての学問において，事実を確認する重要性は昔から繰り返し言われてきたことであるはずなのですが，もう一度その大切さを再認識したいものです。

　フェイクニュースが流れる世界であるからこそ，ファクトチェック（事実確認）を重要視する習慣を子どもたちに身に付けさせたいと願います。

（佐藤）

第9章 | 算数・数学科教育からのアプローチ

表やグラフを扱った〈非連続型テクスト〉の読解は，学校教育における算数科・数学科，または統計学の分野と重なります。また，この分野を研究している古賀竣也（2018）や槇誠司・中野博幸・堀田龍也（2020）は，表やグラフに関する読解力を〈統計的リテラシー〉という用語で括っています。

9.1 算数・数学科教育の概観（学習指導要領とのかかわり）

学習指導要領から「統計」にかかわる学習内容を見ると，昭和52年の改訂で大幅に内容が削減されて以降，平成14年の改訂では，小学校6年生に「平均」があるのみで，小学校では「資料の散らばり」，中学校では「度数分布」「標準偏差」「標本調査」などの統計の重要な概念が削除されました。これらのことから，今の教師の多くは，義務教育から高等教育を含めて，統計教育をほとんど学んでこなかったと言えるでしょう（中野，2014：146）。

しかし，平成25年（2013）の改訂では，「資料の整理」に関する内容が，小学校算数の「数量関係」の領域に追加され，統計に関する重要性が徐々に増してきました。また，中学校数学の領域の1つとして，「資料の活用」が新しく設けられました。

そして，平成29年（2017）の改訂では，小・中・高等学校を通じて資質・能力を育成するという観点から，「資料の活用」の名称が「データの活用」に改められました。

小学校学習指導要領解説算数編には，「身の回りの事象をデータから捉え，問題解決に生かす力，データを多面的に把握し，事象を批判的に考察する力の育成を目指すとともに，小学校と中学校間の統計教育の円滑な接続のため，従前の『数量関係』領域の資料の整理と読みの内容を中心に，統計に関わる領域『データの活用』を新たに設けた（文科省2018c：41）」とあります。このことからは，「データの活用」でねらいとする力が，学年および教科の枠を超えて，すべての児童生徒に身に付けるべき重要な資質・能力の1つであると考えることができるでしょう。

小学校ではそれぞれの学年において，データの収集とその分析にかかわる数学的活動が示され，表やグラフなどで情報を整理する方法に関する知識，技能の習得が示されました。

さらに，小学校6年生の目的に，「目的に応じてデータを収集し，データの特徴や傾向に着目して適切な手法を選択して分析を行い，それらを用いて問題解決したり，解決の過程や結果を批判的に考察したりする力などを養う（同：284）」と書かれているように，データを批判

的に考察する力の育成が求められています。

　また，中学校においては，１年生で「データの分布」，２年生で「複数の集団のデータ」，３年生で「標本と母集団の関係」へと，データの範囲を広げながら，それらを批判的に考察する力の育成が示されました。特に中学校では，「データの活用」の指導の意義について，次の２つの面があげられています（文科省 2018d：54）。

　　・日常生活においては，不確定な事象についてデータに基づいて判断する場面が多いので，目的に応じてデータを収集して処理し，その傾向を読み取って判断することが有用であること。

　　・よりよい解決や結論を見いだすに当たって，データに基づいた判断や主張を批判的に考察することが有用であること。（下線は筆者）

　そして，ここでいうデータとは，画像や映像などを除き，特に数値的なものを扱うとされています。それらをわかりやすく表現する表やグラフ〈非連続型テクスト〉を正しく取り扱うことは，とても重要と言えるでしょう。

　このようなことからも，「データの活用」でねらいとするすべての児童生徒に身に付けるべき資質・能力は，データを批判的に考察し判断する力と考えることができます。

9.2 数学科教育における批判的思考

　次に，学会などにおける先行研究において，数学科教育における批判的思考をどのようにとらえているか，いくつか紹介します。

　谷口千佳・太刀川祥平・久保良宏（2015：21）は，批判的思考を数学科教育で具体化する視点として，「a. 社会的な問題の考察に数学を批判的に用いる」，「b. 算数・数学の問題の解決過程を批判的にみる」，「c. 数学そのものを批判的に捉える」の３点をあげています。

　久保良宏（2016：97）は，数学科教育における批判的思考は「対話による課題の明確化，解決に向けての情報の精査，自他の考えの対比，他者の立場に立っての検討，公平，公正といった概念の導入などに着目し，先入観にとらわれることなく，数理科学的に真実により近づいていくもの」と述べています。

　また，松元新一郎（2018：148）は，批判的思考の先行研究をもとに，統計的問題解決における批判的思考を「他者や自分が行った統計に関わる問題解決（問題・計画・データ・分析・結論）に対して，多面的・客観的・論理的に考察する態度を働かせながら，解釈したり振り返ったりすること」と暫定的に定義し，統計的問題解決における批判的思考の働きを，表（112頁）のようにまとめています。

　学習指導要領で書かれた批判的に考察し判断する力の育成は，これらの先行研究をもとに，多くの研究と実践がなされていくことになるでしょう。

統計的問題解決における批判的思考の働き ver.2 （柗元 2018：150）

統計的問題解決の相		批判的思考の働き（例）〇は統計に関わる批判的思考，□は一般的な批判的思考	
		「妥当かどうか」「誤りはないか」探す・解釈する・指摘する	代案を提案する
問題（Problem）	問題を把握して，統計的に解決が可能な課題を設定する。	〇課題の設定方法は正しいか。 □調査は誰から依頼されたのか。 □調査はどのような目的か。	〇課題の設定方法を見直す。 □調査の主催者の立場や依頼者を明示する。 □調査や実験の目的が分かるように記述する。
計画（Plan）	課題を解決するために必要なデータを収集する方法を考える。	〇収集する方法は妥当であり，信頼性があるか。 □同じような調査がすでに行われているか。	〇収集する方法を見直す。 □過去の似寄りの調査を調べる。
データ（Data）	データを収集する。収集したデータの中に無答や無意味だったり誤ったりしたデータがある場合は課題に照らしてそれらのデータを除く（データのクリーニング）。	〇データの収集は的確に行われたか。 〇課題に照らして除いたほうがよいデータはないか。	〇観察・実験・測定方法を修正する。 〇無答や無意味だったり誤ったりしたデータを取り除く。
分析（Analysis）	統計グラフを作成したり，範囲や代表値（平均値，中央値，最頻値）等を求めたりした上で，分析する。	〇選択した図表やグラフの軸の設定は，各グラフの特徴や課題解決に照らして妥当か。 〇代表値の選択や計算は妥当か。 □グラフや表のタイトルは，目的に応じて妥当か。	〇図表を修正する。 〇代表値を選択し直す。 〇計算を修正する。 □グラフや表のタイトルを修正する。
結論（Conclusions）	分析した結果から結論を出す。さらなる課題や活動全体の改善点を見出す。	〇グラフや代表値などから導かれた結論は妥当か。 □結論は別の何かを誘発していないか。 □一連の問題解決とレポートのタイトルは整合的か。	〇統計的な証拠に基づいて結論を修正する。 □別のことを誘導しないように結論を修正する。 □実験や調査の目的・方法・結論を振り返り，レポートのタイトルを修正する。

9.3 算数・数学科の教科書にある〈混成型テキスト〉

9.1 で述べたように，小学校学習指導要領解説算数編の小学校6年生の目的には「目的に応じてデータを収集し，（中略）解決の過程や結果を批判的に考察したりする力などを養う」と書かれていることから，小学校6年生の教科書について，確認することにしましょう。

槇・中野・堀田（2020：103-104）は，令和2年度版小学校第6学年算数科教科書の新領域「データの活用」の単元の統計項目について検証を行っています。

まず，学習内容を①知識・技能と②思考力・判断力・表現力等の階層に分類します。階層①の統計項目と記号化，階層②の分類例が下の表です。

階層①の統計項目と記号化

記号	統計項目
資	資料（データ）を分類整理する
表	表を用いて表したり，読み取ったりする
グ	グラフを用いて表したり，読み取ったりする
数	数量の関係を理解する
百	百分率や割合について理解する
起	起こりうる場合を整理する
代	平　平均値の意味を理解する
代	最　最頻値の意味を理解する
代	中　中央値の意味を理解する
ド	ドットプロットの意味を理解する
分	分布表やヒストグラムの意味を理解する
確	確率の意味を理解する
標	標本調査の意味を理解する
P	P-P-D-C-A の意味や方法を理解する

階層②の分類例

「〜を考えましょう」	［考察］
「どちらがよいか比較しましょう」	［判断］
「〜を話し合いましょう」	［表現］
「〜の考えは正しいでしょうか」	［批判］

　教科書6社について問題数及び階層①，②の統計項目数を整理したのが下の表です。

「データの活用」の単元における問題数及び階層①，階層②の統計項目数

教科書会社	問題数			階層①の統計項目数											階層②の統計項目数				
	例題	練習	設問	資	表	グ	百	代表値 平	最	中	ド	分	標	P	考察	判断	表現	批判	合計
東京書籍	15	7	66	0	10	31	4	11	5	6	8	29	1	3	8	2	9	2	21
啓林館	8	13	47	2	9	22	6	10	7	7	13	21	0	1	10	3	3	2	18
教育出版	9	10	55	0	14	12	10	10	11	11	14	23	0	2	9	2	6	1	18
大日本図書	11	23	81	0	21	22	6	14	11	11	28	37	0	1	4	6	11	3	24
日本文教出版	8	18	60	2	20	14	0	9	8	10	11	29	0	2	5	2	13	1	21
学校図書	8	14	72	1	24	9	7	14	9	11	4	38	0	3	6	3	16	1	26

表の値は，章末問題数が含まれている
6社とも階層①の統計項目数が0のときは，統計項目欄を削除した

　この教科書分析を通して，「批判的思考を問う設問を例題に掲載していたのは，啓林館のみであり，それ以外の5社は，練習問題に掲載していた。このように，問題の結論について判断したり，その妥当性について批判的に考察したりする設問数は，6社とも著しく少なかった。

このことから，教師は，新小６算数教科書の問題を批判的思考を促す問題にアレンジするなどの工夫が必要であると考える」と述べています。

　授業で指導のよりどころとなるのは教科書です。学習指導要領で，批判的に考察し判断する力が重視されたとはいえ，批判的思考を問う課題は十分とは言えません。

　だからこそ，批判的思考の育成をめざした本書が重要な役割を果たすと考えられるのです。

9.4 算数・数学科教育における〈混成型テキスト〉の実践例

　木村捨雄（2005：9）は，統計教育の学習活動には大きく分けて「作る統計」「読む統計」の２つがあると述べています。

　大谷洋貴（2014：255-257）は，作る統計と読む統計を次のように整理しています。

　　統計資料を「作る」活動（統計情報の「生産者」としての側面が強調）
　　　・基礎的な統計的知識・技能を学習する活動
　　　・統計的に問題解決する活動
　　　・新しい知や情報を創造する活動
　　統計資料を「読む」活動（統計資料の「消費者」としての側面が強調）
　　　・作成した統計資料の傾向を読み取る活動
　　　・受け取った資料の妥当性を評価・判断し，情報を享受する活動

　この２つの活動には，〈混成型テキスト〉が大きくかかわっており，相互に関連して学習活動が行われることが重要です。

　大谷（2014：276-280）は，統計資料を「作る」活動を通して統計手法を学習し，活用場面において，統計資料を「読む」活動を行うことを提案しています。授業のねらいを「与えられた統計資料の妥当性を評価・判断する活動を通して，グラフは針小棒大に情報を歪曲して伝えているものがあることに気付き，批判的に統計情報を捉えることのよさを説明することができる。」とし，授業の前半ではPISA2003年の「盗難事件の問題」に類似した課題を用いて，批判的な思考を働かせる学習活動を構想しています。

　大谷は，統計的リテラシー育成のためにめざされるべき学習活動は，概念形成場面で「作る」活動を，活用場面で「読む」活動を行うことであると述べた上で，批判的思考を評価することのむずかしさについて指摘しています。

　統計的リテラシーは，単純に知識・技能だけでは測ることができないため，学校においては批判的な思考の育成とともにどのように評価していくかが，今後の大きな課題です。

　しかしながら，批判的な思考の育成をめざしたより多くの実践が授業で行われることこそ，重要なのではないかと考えます。まずは，やってみましょう！

第10章 他教科からのアプローチ

〈混成型テキスト〉の信憑性を評価することに関して，国語科と算数・数学科以外の教科についても各教科の学習指導要領を確認していきます[※17]。

10.1 社会科の概観（学習指導要領とのかかわり）

まずは社会科からです。小学校学習指導要領では，6年生において次の記述が見られます。「情報を，地図帳や地球儀，統計や年表などの各種の基礎的資料を通して適切に集めて，読み取り，まとめる技能を身に付けるようにすることを求めている。なお，『適切に』とは，情報を集める際に，情報手段の特性や情報の正しさ，資料の特性に留意することなどを指している（文科省2018e：26）」

また，中学校学習指導要領では，内容の取り扱いにおいて，「①　情報を収集する技能（手段を考えて課題解決に必要な社会的事象等に関する情報を収集する技能）」では「情報手段の特性や情報の正しさに留意して（例えば，統計の出典，作成者などの事実関係に留意して情報を収集したり，主題図の作成意図，作成過程などの作成背景に留意して情報を収集したりする技能）（文科省2018f：80）」などがあげられています。

また，「②　情報を読み取る技能（収集した情報を社会的事象の地理的な見方・考え方に沿って読み取る技能）」では，「資料の特性に留意して（例えば，地図の図法など資料の用途に留意して情報を読み取ったり，統計の単位，絶対値（相対値）など資料のきまりに留意して情報を読み取ったりする技能）（同：同）」などがあげられています。

そして巻末資料「社会的事象等について調べまとめる技能」では，これらの技能が一覧されており，「【3】情報手段の特性や情報の正しさに留意して　／　資料の表題，出典，年代，作成者などを確認し，その信頼性を踏まえつつ情報を集める（同：186-187）（下線筆者）」と明記されています。この一覧表には，地図の方位，記号，高さ，区分などの読み取りについても書かれており，社会科では，そういった地図や年表といった資料の特性に留意して情報を読み取る技能を身に付けることを謳っていることがわかります。

10.2 「総合的な学習の時間」の概観（学習指導要領とのかかわり）

次に「総合的な学習の時間」です。「情報」にかかわって，批判的な思考力を発揮してその

信憑性を評価する活動がどのように設定されているかを調べてみましょう。

　ご存じのとおり，「総合的な学習の時間」は各学校において教育課程上に位置付けられていますが，どのような内容をどのような方法で実践するかは各学校に委ねられています。したがって本書で扱う「情報の信憑性を批判的思考力を発揮して評価する」ことは，学習内容として直接的に提示されていません。ただ，学習指導要領では，「①課題の設定」→「②情報の収集」→「③整理・分析」→「④まとめ・表現」という探究活動のプロセスが示されており（文科省2018g：114），そのプロセスを通して情報に関する技能や知識を獲得していくとされています。また，情報の信憑性の評価については，このプロセスの「③整理・分析」の場面で，具体的な事例に基づき次のように説明されています。少し長くなりますが引用します。

　「一つは，児童自身が情報を吟味することである。……（引用者略）……情報通信技術の発達により，インターネット等で大量の情報に接することが容易となった今日においては，どのように入手した情報なのか，どのような性格の情報なのかということを踏まえて整理を行うことが必要である。……（引用者略）……統計などの客観的なデータや当事者が公式に発表している一次情報だけでなく，誰かの個人的な意見であったり，他所からの転用であったりする情報も多い。一旦収集した情報を整理する段階で吟味することの必要性について考えさせることが重要である。（文科省2018g：118）」

　「総合的学習の時間」で「情報の信憑性を評価する」ことは，「吟味する」という用語で説明されています。しかしながら，情報の何をどのように吟味したらよいのかということについては触れていません。個々の子どもが設定した課題において，また，子どもが収集した情報に応じて適切に吟味することが重要であると述べているに留めてあり，吟味する具体的な方法や支援については触れていないのです。

　そして，収集したデータを「③整理・分析」するプロセスにおいて，「先の事例でも明らかなように，国語科の『情報の扱い方』や算数科の『データの活用』をはじめ様々な教科での学習成果が生かされる（文科省2018g：118）（下線筆者）」と述べています。

　つまり，明確に国語科と算数・数学科を名指ししたうえで教科横断的に，それぞれの教科で培った技能を生かすことを謳っているわけです。この「教科での学習成果が生かされる」という表現には，技能を培う場は国語科と算数・数学科を中心とした教科であり，「総合的な学習の時間」は，主にそれを発揮する場であるという捉えができるかもしれません。

10.3 技術・家庭科の概観（学習指導要領とのかかわり）

　技術・家庭科についても概観してみましょう。学校にPCが導入された当初は，その操作のスキル面がクローズアップされ，情報に関する学習は，「技術科」で行うと考えられていました。GIGAスクール構想の下，児童生徒に一人一台端末の環境が実現しつつある現代においては，操作的なスキルは中学校入学を待たず，小学校でかなり習得できていることでしょう。

そこで中学校学習指導要領を見てみましょう。中学校の技術・家庭科の技術分野においては，「D　情報の技術」が学習内容となっており，次のように述べられています。

「情報通信ネットワーク上のルールやマナーの遵守，危険の回避，人権侵害の防止など，情報に関する技術を利用場面に応じて適正に活用する能力と態度を身に付ける必要性，個人認証やコンピュータへの不正な侵入を防ぐことでファイルやデータを守り，通信の機密を保つ情報セキュリティの仕組みについて理解することができるようにする。その際，情報の技術は使い方次第で，いわゆる『ネット依存』などの問題が発生する危険性があることや，コンピュータウイルスやハッキング等，情報の技術の悪用が社会に多大な経済的・精神的な損害を与えていることについても扱う（文科省 2018h：51）」

「情報通信ネットワーク上で根拠の不明確な情報が拡散することで，当事者が不利益を被るといったいわゆる『風評被害』など，情報の発信に伴って発生する可能性のある問題を取り上げ，情報通信ネットワークに情報を発信する前にその真偽を確認し，曖昧な情報はむやみに拡散することのないようにするといった発信者として担うべき責任についても指導する。（同：同）」

このように，技術・家庭科分野では，本書がテーマとしている「情報の信憑性を評価する」力の育成に関して，「情報モラル」の習得や「情報技術」に重きをおいてその学習内容を位置付けていると言えます。批判的に情報を受信する力を育成することは，他教科の学習内容に譲っているようです。

10.4　その他，教科横断的な教育実践

京都教育大学附属桃山小学校（以下，桃山小学校と表記）は，平成 23 年度から文部科学省の研究開発学校の指定を受け，新教科「MC 科（メディア・コミュニケーション科）」を開発しています（2012）[※18]。

また，日本教材文化研究財団が編集した「メディア・リテラシー教育の実践事例集の開発」では，保育園，小学校，中学校，高等学校の 14 実践が収録されており，その実践事例の中には，「マンガの記号の読解指導を通したメディア・リテラシーの育成」といった実践も紹介されています（2016：72）。

前述しましたが，槇・佐藤・板垣・齋藤・堀田（2017：46）は，「小学校第 5 学年におけるグラフ解釈に関する短時間学習の効果」において，グラフの解釈に関する短時間学習の単元計画を以下のように設定し，実践しました。

（1）表 1 の題材を用いてグラフ解釈を行う（2 〜 3 分）。
（2）グラフ解釈を行った結果を原稿用紙に 100 字以内で記述する活動を行う（2 〜 3 分）。
（3）児童は，まとめた内容を隣同士で互いに説明し合う。最後に，2 〜 3 名から自分の考えを学級全体に向けて発表する。（2 〜 3 分）。

この単元を 14 回繰り返して評価テストを行ったところ，グラフ解釈に関する短時間学習を

経験した児童は，これを経験しない児童と比較して，グラフ解釈に関するテストの得点が高いことを実証しました。

次に，統計教育からのアプローチをとっている古賀竣也の研究を紹介します。

古賀（2019：155）は，統計的リテラシーには「読解の文脈」と「探究の文脈」があり，「国内では『読解の文脈』での統計的リテラシー教育が充実しておらず『探究の文脈』での実践が注目されている」と分析しています。

続けて古賀は「『読解の文脈』では，統計情報を批判的に解釈することが求められ，その際に統計的リテラシーにおける批判的思考が重要であるが，その研究は実態調査で留まっており，どのように育成するのが望ましいか，その指導方法について検討されていないことが課題である。（同：同）」と述べています[※19]。

そのうえで，古賀は Gal の「worry questions」を参考に，「統計的リテラシーにおける批判的思考尺度」を開発し（2018），「読解の文脈」に沿って，高等学校で統計的リテラシーの習得をねらった実践研究を行っています（2019）

なお，古賀が参考にした「worry questions」には，「報告された統計量は，この種のデータに適しているか，例えば順序データを要約するために平均を用いたか，中央値は合理的な要約か？　外れ値は，要約統計量の真の値を不正確にする原因になりうるか？（古賀2020：191）」などとあり，「統計量」「中央値」「外れ値」といった統計教育の専門用語が使われています。また，これをもとに実践した授業で扱った資料（古賀2019：159）も，例えば「偏差値に関する正規分布」や「散布図の相関関係」といったことに関する概念的理解が必要であり，統計学としての専門性が高く，高等学校で身に付けるとよいリテラシーであると言えるでしょう。

本書が提示するエクササイズは，この槇らと古賀の研究の系譜に位置付きます。古賀が明示する高度な統計的リテラシーまでは求めていませんが，「読解の文脈」で〈混成型テキスト〉の信憑性を評価する技能を高める指導法の1つを提案することをねらっています。

槇らと古賀の研究と，本書のエクサリイズとの相違は次のように整理できます。

> ・本書で示すエクササイズは，「読解の文脈」に沿って，「国語科授業のテクストの読解」と「算数・数学科のデータの活用」の授業を融合した学びのアプローチをとっています。
> ・統計教育としての専門的理解までは要求せず，小・中学生でも，これまでの各教科教育や実生活の場で経験的に見たり，触れたりしたことがあるレベルの資料の読解を求めています。
> ・（槇らは〈非連続型テキスト〉の読解を帯時間で行っていますが）本エクササイズは，〈混成型テキスト〉を読解の対象としています。
> ・エクササイズを，架空の物語の読解という一律のパターンで示しています。

・「読解方略」を同じ文型（問い掛ける文言）で揃えて提示しています。

・「情報の信憑性を評価する手順」にしたがって，読解のヒントを提示しています。

・「読解方略」に関しては，算数・数学科教育，統計教育，情報教育でさまざまに実践されてきた内容を加味して補正しています。

これらが本書で提示するエクササイズの特徴となっています。

第11章 | 本書が採択した方法論

　情報操作に関する方略が最も身に付くのは，実際に自分が情報源となって情報を発信するときです。筆者佐藤は中学校教員をしていたとき，国語科の授業で「〇〇中学校ニュースショーを制作しよう」といった総合的単元を組織して実践していました（佐藤 2003：17-25）。

　生徒たちは各自の興味や関心に応じて「優勝をねらう〇〇部の取組み」や「校内制服問題」「図書館の利用状況」といったテーマを設定し，インタビューを行ったり，アンケートで意識調査をしたり，ハンディカメラを持参して実地調査をしたりして情報を集め，編集方針に合わせてデータを編集していました。インタビュアーとなってどういう回答を引き出すのか，カメラマンとしてどういった表情を切り取るのか，エディターとして集めたデータをどのように切り取るのか，コメンテイターとしてどんなフリップを用意するのか，アナウンサーとしてどんなトーンでそれを報道するのか——情報を編集し発信することを総合的に体験させたわけです。

　このような編集作業を伴った発信を経験すると，生徒たちは発信意図に合わせて情報を切り貼りして報道番組を制作している自分自身を発見します。その自らの経験から，ニュースショーの発表会では，他者の発信するニュースに対しても「発信の目的に照らし合わせて，情報を取捨して制作している」という前提を理解したうえで冷静に受信していました。いわば，探究の文脈において情報を批判的に読解する学びを体験活動を通して実感していったわけです[20]。

　情報教育の研究を牽引している後藤康志（2006：231）は，次のように述べています。

　「メディア操作スキルやメディアに対する批判的思考を取り出して指導すれば手っ取り早いようにも思える。しかしこれらは相互に関連しており，主体的態度に基づく問題解決やメディア利用を通してメディア特性の理解が深まり，メディアに対する批判的思考が徐々に高まっていくものであると考えられる。」

　ニュースショーを制作するといった実践を行ってきましたので，筆者も賛成です。しかしながら，現行の教育カリキュラムの中でこのような単元を組織するのは，教師も生徒も物理的な負担が大きく，日常的に行うことはむずかしいものです。実際に探究型の単元を実践したことのある先生方はきっと実感をともなって理解してくださることでしょう。昨今働き方改革が課題となっている学校現場でこのような単元を用意するのは現実的に容易なことではありません。

　このような教育現場の現状を鑑みると，総合的単元までは取り組めなくても，本書にある思考実験のエクササイズを通して，できるだけ早期にその読解方略に思考を巡らす体験をしておくことは，とても意味のあることだと考えられます。これらの現状分析から第6章で説明した「読解の文脈」における方法論を想定し，本書を編集しています。

人工知能による情報発信の時代に

　最近，ChatGPT（OpenAI 社）などの「生成 AI」と呼ばれる人工知能が，個人でも利用できるようになり，話題となっています。

　生成 AI は，あらかじめ人工知能に学習させた膨大なデータをもとに，画像や文章，音楽，動画など，新しいコンテンツやアイデアを創り出すことができます。人工知能が新たな段階に入り，私たちの暮らしを大きく変える可能性があります。新しい薬の開発や病気の診断などの医療分野，新しい素材の開発や生産性の向上などの工業分野など，さまざまな分野に人工知能の利用が広がろうとしています。

　しかし，生成 AI が事実とは異なる不正確な情報を生成したり，あるコンテンツとそっくりな別のコンテンツを生み出したりなど，多くの問題も指摘されています。2023 年 4 月に行われた G7 群馬高崎デジタル・技術大臣会合では，「人間中心」で「信頼できる」AI の推進について話し合われました。信頼できる AI を開発するのは企業の役割ですが，それと同時に，生成 AI を使う私たちが，その有効性と課題をきちんと理解しておく必要があるでしょう。

　2023 年 5 月には，アメリカで，著名なメディアになりすました SNS アカウントによって嘘画像が拡散され，問題になりました。「ペンタゴン（米国防総省）近くで爆発があった」とする内容ですが，画像に不自然な点が多く見られ，専門家は生成 AI によって作られた画像（ディープフェイク）である可能性を指摘しています。

　発明は，いつの世にも成果と課題を生みます。18 世紀に自動車が発明されたことによって，現代でも排気ガスによる公害や交通事故などの問題が生じています。それでも，簡単に移動できる手段として，自動車は現代社会になくてはならない道具です。

　生成 AI をどう利用するのか，さらに生成 AI によって作り出されたかもしれない情報をどう判断するのかは，機械ではなく，私たち一人一人の問題です。

　生成 AI の時代に，情報を批判的に見て，自分で判断する力は，ますます求められることになるでしょう。

（中野）

■ 理論編　文献一覧

足立幸子（2015）「非連続型テキスト」髙木まさき・寺井正憲・中村敦雄・山元隆春編著『国語科重要用語事典』明治図書

アレク・フィッシャー著，岩崎豪人・品川哲彦・浜岡剛・伊藤均・山田健二・久米曉訳（2005）『クリティカル・シンキング入門』ナカニシヤ出版

井上尚美（2007）『思考力育成への方略—メタ認知・自己学習・言語論理—〈増補新版〉』明治図書

大谷洋貴（2014）「中学校数学科における統計的リテラシーの育成に関する研究」新潟大学教育学部数学教室編，『数学教育研究』48（1），205-296.

小川一美（2020）「『情報の扱い方に関する事項』を意識した授業」日本国語教育学会編『月刊国語教育研究』第 582 集

奥泉香（2018）『国語科教育に求められるヴィジュアル・リテラシーの探究』ひつじ書房

吉川芳則（2017）『批判的読みの授業づくり—説明的文章の指導が変わる理論と方法—』明治図書

木村捨雄（2005）「第 1 部「新しい知の創造」社会に向けての統計リテラシーと統計教育　第 1 章「新しい知の創造」社会に向けての子どもの統計リテラシー—　賢い市民になる子どものための統計教育と授業設計の授業実践事例」，木村捨雄・垣花京子・村瀬康一郎編著，全国統計教育研究協議会編『進む情報化「新しい知の創造」社会の統計リテラシー』，東洋館出版社，pp.4-49.

京都教育大学附属桃山小学校（2012）「相手を意識して行う情報活用能力の育成〜メディアを選択・活用し，考えを深めあう子を育てるために〜」『平成 24 年度京都教育大学附属桃山小学校研究紀要』

久保田賢一（2017）「構成主義の視座からメディア・リテラシーを捉える」中橋雄編著『メディア・リテラシー教育—ソーシャルメディア時代の実践と学び』北樹出版

久保良宏（2016）「数学教育における批判的思考の捉え方」『北海道教育大学春期研究大会論文集』4，97-104

黒川治彦（2006）「実社会で求められる能力の育成—話し合い学習を通して」日本国語教育学会編『月刊国語教育研究』第 407 集

古賀竣也（2018）「統計的リテラシーにおける批判的思考尺度の開発」日本教育考学会編『日本教育工学会論文誌』vol.42（Suppl.）45-48

古賀竣也（2019）「高校生の『読解の文脈』での統計的リテラシーにおける批判的思考の育成」日本科学教育学会編『科学教育研究』Vol.43 No.2 154-164

古賀竣也（2020）「統計的リテラシーの授業における批判的思考の学習や指導の検討—ニュージーランドの授業の分析をもとに—」『日本教育工学会論文誌』vol.44 No.2 189-201

国立教育政策研究所（2010）「OECD 生徒の学習到達度調査〜 PISA2009 年調査国際結果の分析・資料集上巻—分析編」https://www.nier.go.jp/kokusai/pisa/pdf/pisa2009_1.pdf（最終確認 2022 年 7 月 28 日）

国立教育政策研究所（2016）「OECD 生徒の学習到達度調査（PISA2015）読解力の向上に向けた対応策について」https://www.nier.go.jp/kokusai/pisa/pdf/2015/05_counter.pdf（最終確認 2022 年 7 月 28 日）

後藤康志（2006）「メディア・リテラシーの発達と構造に関する研究」新潟大学提出博士学位論文

佐藤佐敏（2003）「他者とのかかわり合いに基づいた自己評価活動を通して，自己の能力と考えの変容を実感する授業」『学びを自覚する授業（2 年次）新潟大学教育人間科学部附属新潟中学校研究紀要』第 48 集

佐藤佐敏（2009）「ラジオ CM をつくり，プロポーザルコンペティションをしよう」髙木展郎・三浦修一編『国語科の指導計画作成と授業づくり』明治図書

左近妙子（2005）「説明文・写真・グラフの『読みの力』をつける」『教育科学国語教育』No.656　明治図書

三省堂（2021）『現代の国語 2』

高橋勲（2001）「情報の裏付けをとらせよ」『教育科学国語教育』No.607　明治図書

武富久子（2008）「『読むこと』『書くこと』を縒り合わせる単元づくり　単元名：SOS！地球が危ない―図表を活用した意見文―」日本国語教育学会編『月刊国語教育研究』第 433 集

谷口千佳・太刀川祥平・久保良宏（2015）「数学指導における批判的思考に着目した授業ついて」『日本科学教育学会研究会研究報告』30（1），21-24.

ダレフ・ハフ著, 高木秀玄訳（1968）『統計でウソをつく法―数式を使わない統計学入門』講談社ブルーバックス

津田大介・日比嘉高（2017）『「ポスト真実」の時代』祥伝社

東京書籍（2020）『新しい国語三上』

東京書籍（2021）『新しい国語 3』

中野博幸（2014）「教師の統計的リテラシー育成を目指した授業実践の効果」『日本教育工学会論文誌』38（2），145-155.

中橋雄（2017）『メディア・リテラシー教育―ソーシャルメディア時代の実践と学び』北樹出版

中村敦雄（2001）「メディア・リテラシーとは何か？」井上尚美・中村敦雄編『メディア・リテラシーを育てる国語の授業』明治図書

日経ビジネス（2017）https://business.nikkei.com/atcl/opinion/15/283738/101900045/（最終確認 2023 年 8 月 18 日）

日本教材文化研究財団編（2016）「メディア・リテラシー教育の実践事例集の開発」『調査研究シリーズ』No.70 https://www.jfecr.or.jp/cms/zaidan/publication/pub-data/chosa/chosa70.pdf（最終確認 2022 年 8 月 23 日）

羽田潤（2020）『国語科教育におけるメディア・リテラシー教育の研究』渓水社

舟橋秀晃（2005）「指導の系統を意識した教材配列を―『話題』にとどまらせることなく―」日本国語教育学会編『月刊国語教育研究』第 404 集

槇誠司・佐藤和紀・板垣翔大・齋藤玲・堀田龍也（2017）「小学校第 5 学年におけるグラフ解釈に関する短時間学習の効果」『日本教育工学会論文誌』Vol.41（Suppl.）45-48

槇誠司・中野博幸・堀龍也（2019）「小学校及び中学校の校務分掌における統計的リテラシー項目の分類による比較検討」日本教育工学会編『日本教育工学会研究報告集』19（4）

槇誠司・中野博幸・堀田龍也（2020）「小学校第 6 学年算数科教科書の新領域『データの活用』の単元における統計項目の分類による比較検討」日本教育工学会編『2020 年秋季全国大会 講演論文集』2.

間瀬茂夫（2017）『説明的文章の読みの学力形成論』渓水社

松元新一郎（2017）「数学教育の統計指導における批判的思考」『日本科学教育学会年会論文集』41，167-170.

松元新一郎（2018）「統計指導における批判的思考を促す働きかけ」『日本科学教育学会年会論文集』42，147-150.

光村図書（2020）『国語五銀河』

光村図書（2021）『国語 2』

文科省（2018a）「中学校学習指導要領解説 国語編（平成 29 年告示）」東洋館出版

文科省（2018b）「小学校学習指導要領解説 国語編（平成 29 年告示）」東洋館出版

文科省（2018c）「小学校学習指導要領解説 算数編（平成 29 年告示）」日本文教出版

文科省（2018d）「中学校学習指導要領解説 数学編（平成 29 年告示）」日本文教出版

文科省（2018e）「小学校学習指導要領解説 社会編（平成 29 年告示）」日本文教出版

文科省（2018f）「中学校学習指導要領解説 社会編（平成 29 年告示）」東洋館出版

文科省（2018g）「小学校学習指導要領解説 総合的な学習の時間編（平成 29 年告示）」東洋館出版

文科省（2018h）「中学校学習指導要領解説 技術・家庭編（平成 29 年告示）」開隆堂出版

渡辺真由美（2002）「文章を吟味・検討する力の育成」『教育科学国語教育』№ 616　明治図書

※10　2018年のPISA調査より，紙面上のテキストだけでなくデジタルテキストも含まれることとなりました。デジタルテキストとは，オンライン上の多様な形式を用いたWebサイト，投稿文，電子メールなどのテキストのことです。

※11　それぞれの学問分野よってテキストの分類は異なっており，その名称もさまざまです。例えば，〈非連続型テキスト〉と〈混成型テキスト〉と〈複合型テキスト〉も，その扱われる研究領域や，使用される文脈において図像テクスト，動画テクスト，映像テクスト，マルチモーダル・テクストなど，さまざまな名称が用いられます。本書では，それらの性格を厳密に定位し，カテゴリ化することは目的としておりませんのでご理解ください。

※12　主張とデータの論理的整合を検討することに加えて，ここでは，1次発信と2次発信のズレを確認することも意味します。

※13　中橋はこの下位項目も設けていますが，上位項目のみを示します。

※14　最近では，奥泉香（2018）が〈ヴィジュアル・リテラシー〉を育成する枠組みを提示しており，羽田潤（2020）は，動画に代表される〈マルチモーダル・テクスト〉を活用した実践を研究しています。

※15　井上と吉川が使用している「対象」「基準」「観点」「項目」という用語と，本書で筆者が使用しているこれらの用語は，その指示内容が少し異なっています。本書では，18-19頁で提示した読解方略の3層に合わせて，「着目する対象」（どんなテクストに着目するか），「検討する観点」（何を検討するのか），「判断する基準」（何を基準に判断するのか）を分けています。

※16　光村図書では他の説明的文章においても，同様に踏み込んだ図表の読解に関する内容が掲載されています。

※17　本書は，テクストの読解に関しては国語科からのアプローチをとっており，データの読解に関しては算数・数学科の知見を借りています。他教科についてはその学びを概観することを目的として整理しています。

※18　研究先進校である京都教育大学附属桃山小学校は，1年生から6年生までの系統的なカリキュラムを作成し，MC科の学習指導要領（試案）と実践事例集を作成しています。

※19　古賀が指摘するように「総合的な学習の時間」を中心に行われていた情報教育では「探究の文脈」での実践が主流でした。本書の提案は算数・数学科や統計教育で扱うデータを読解する技能を，国語科の「読解の文脈」で捉え直す試みだと言えます。

※20　単元「ニュースショーを制作しよう」だけでなく，筆者佐藤（2009）は単元「ラジオCMをつくり，プロポーザルコンペティションをしよう」という問題解決型の探究活動も行い，ニュースショーの制作と同様に生徒に多くの学びをもたらしました。

おわりに

　インターネットの普及によって，秒単位で全世界のさまざまな情報に触れることができるようになりました。家のリビングに居ながら，行ったこともない街の天気の状況がわかったり，数分前に起きた事件や事故の映像を見ることができたりします。手に入れられる情報は日々増え続けており，高度情報社会では，適切な情報を選択したり，整理したり，それらをまとめる能力，いわゆる情報活用能力を身に付けることが重要です。

　また，スマートフォンを使ってだれもが多くの情報を得ることができるようになったことは，反面，だれもが簡単に情報を発信できるようになったことに他なりません。世の中に出回っている情報がすべて真実だと考えてしまえば，逆に誤った情報の発信者にもなり得るということです。嘘の情報を掴まされる被害者と嘘の情報を発信する加害者との垣根はありません。

　このような時代の変化に合わせて，学習指導要領では学習の基盤となる資質・能力の育成として，情報活用能力が重要視されています。そしてこの情報活用能力は，単独の教科ではなく，さまざまな教科でその教科の特質を生かしながら育成すると明記されています。

　「各学校においては，児童の発達の段階を考慮し，言語能力，情報活用能力（情報モラルを含む。），問題発見・解決能力等の学習の基盤となる資質・能力を育成していくことができるよう，各教科等の特質を生かし，教科等横断的な視点から教育課程の編成を図るものとする。（学習指導要領総則より，下線は筆者）」

　各教科の学習内容を詳しく見ると，国語科では情報の扱いに関する指導の改善・充実，算数・数学科では「データ活用」領域の新設など，情報活用能力の育成が重視されていることが確認できるでしょう。

　さて，編著者である私たち二人にはいくつかの共通点があります。

　1つめは，同じ高校の同級生であることです。3年間，クラスこそ同じになることはありませんでしたが，同じ音楽サークルで活動し，多感な10代を過ごしました。海と山の自然に恵まれた地で学んだことが，今の私たちの教育の原点になっていると感じます。一人は国語，もう一人は算数・数学の教師をめざして，同じ大学へ進学しました。

　2つめは，ある中学校の同僚として勤務したことです。生徒数1,000人を超えるマンモス校で，部活動や生徒会活動，学校行事がとても盛んな学校でした。「3年B組金八先生」を見て教師になった私たちには，それぞれに教育の理想像がぼんやりとあったかもしれませんが，それが通用しない経験が多かったのも事実です。そのような中で，教師は生徒に何を教えることができるのか，いや，教えるなどおこがましいと悩むことになりました。佐藤先生が書かれた『学級担任これでいいのだ！先生の気持ちを楽にする実践的教育哲学（学事出版）』を読むと，その中学校での勤務経験が生かされていると感じます。教科の内容をどう教えるかもそうですが，教師として生徒とどう向き合うかを考えるようになったのは，佐藤先生も私もこの頃だっ

たのかもしれません。

　３つめは，上越教育大学の任期付き教員として再び同僚となり，教育実習を中心とした教員養成に携わったことです。20年以上学校現場で働いてきた私たちは，いかにして後進を育てるかを考えなければならない時期に来ていました。世の中の価値観が多様化し，学校が対応しなければならない事案が増加してきていたころです。教師としてのやりがいと厳しさの両方をいかにバランスよく経験させ，教職への希望を膨らませるかを一緒に考え，授業内容や方法を工夫しました。そして，その数年後，私たちは今の大学教員となったのです。

　このように共通点の多い二人ですが，教科専門としては国語と算数・数学という違いがあります。しかし，この教科の違いを超えてこの書籍を執筆できたことは，非常に大きな意義があると考えます。つまり，「情報活用能力・・（省略）・・の基盤となる資質・能力を育成していくことができるよう，各教科等の特質を生かし，教科等横断的な視点から教育課程の編成を図る」という，学習指導要領の文言につながるのです。

　このエクササイズの開発研究を最初に開始したのは佐藤先生です。大学院の学生とともに，さまざまな先行研究を調査し，国語教育の視点から実践研究を始めたと聞いています。しかし，研究を進めるうちに，〈混成型テキスト〉は文字情報と同時にさまざまな数値やグラフなどの統計情報を取り扱うことが多くあり，算数・数学教育を専門とする私に声がかかりました。時を同じくして，私自身は，学校評価や授業評価を客観的に行う必要性と児童生徒の情報活用能力育成の重要性から，教師の統計的リテラシーをいかに高めるかについて試行錯誤していたので，この申し出を喜んで引き受けさせてもらいました。

　2022年紅白歌合戦で，同じ年齢ミュージシャンの桑田佳祐，佐野元春，世良公則，Char，野口五郎が演奏する「時代遅れの Rock'n'Roll Band」を聞きました。一流ミュージシャンがコラボして世の中にエールを送る姿は，年を重ねたからこそカッコいい。これと比べるのは大変おこがましいのですが，同級生として私たちもコラボし，この書籍を世に送り出すことができたことは，今でも奇跡なのではないかと思っています。

　コロナ禍ということもあって，原稿の執筆や検討がなかなか思うように進まないときもあり，構想から思った以上に長い月日が流れたのは事実ですが，2025年の大学入学共通テストから「情報」が必修化されるなど，情報活用能力の育成の重要性は近年増すばかりです。

　大学教員である私たちは，日々児童生徒に授業することができません。このエクササイズが，多くの授業で使われ，資質・能力の向上の一助になれば，これにまさる喜びはありません。

　最後に，佐藤研究室の大学院生のみなさんがいなければ，これだけ多くのエクササイズを考えることはできませんでした。すでに学校現場で忙しい毎日を過ごされている方もいる中で，内容の修正などご協力いただきました。それから図書文化社の渡辺佐恵様，加藤千絵様には，この書籍の制作にあたり，大変お世話になりました。みなさんに深く感謝申し上げます。

　　　　　　　　2023年春　研究室からふるさと米山を望みて　　　　中野博幸

■ 編著者プロフィール（2023年6月時点）

佐藤佐敏（さとう・さとし）　1, 2, 3, 4, 5, 6, 7, 8, 10, 11章，コラム1, 2, 3, 5, 6, 8, 9

福島大学教授，福島大学附属小学校校長。新潟大学大学院後期博士課程修了，博士（教育学）。新潟県公立中学校教諭，新潟大学附属中学校教諭等を経て現職。日本教育実践学会理事。専門は国語科教育学。実践に役立つ授業理論の構築をめざしている。主著に『5分でできるロジカルシンキング簡単エクササイズ』（学事出版），『国語科授業を変えるアクティブ・リーディング』（明治図書），『思考力を高める授業』（三省堂出版）ほか多数。

中野博幸（なかの・ひろゆき）　4, 9章，教師用解説，コラム4, 7, 10

上越教育大学大学院教授。上越教育大学大学院修士課程修了，修士（教育学）。新潟県公立中学校・小学校教員，市教育委員会指導主事，任期付き大学教員を経て現職。専門は数学教育，教育工学。ICTを活用した授業やプログラミング教育について学校・教育センターなどで研修を実施している。主著に『テンプレートでわかる算数・理科のクラウド活用』（東洋館出版），『エラーで学ぶScratch まちがいを見つけてプログラミング初心者から抜け出そう』（日経BP）ほか多数。

■ 執筆者一覧（執筆順，2023年6月時点）

菅原遥（すがわら・はるか）　宮城県大衡村立大衡小学校教諭
エクササイズ編2章（共著），理論編7, 8, 10章（共著）
エクササイズ0, 1, 2, 11, 13, 16, 18,

木幡真弘（こわた・まひろ）　福島県田村市立美山小学校教諭
エクササイズ3, 12, 14

田川朗子（たがわ・あきこ）　福島県田村市立滝根中学校教諭
エクササイズ4, 5, 9, 17

緑川強志（みどりかわ・つよし）　福島県いわき市立久之浜第一小学校教諭
エクササイズ6

本多礼諭（ほんた・のりさと）　宮城県東松島市立矢本東小学校教諭
エクササイズ7

生井さやか（なまい・さやか）　栃木県栃木市立大平南中学校教諭
エクササイズ8, 15, 19, 20

木村幸登（きむら・さきと）　福島県南相馬市立鹿島小学校教諭
エクササイズ10

藤田亮洋（ふじた・あきひろ）　元福島大学人間発達研究科大学院生
エクササイズ編1, 2章（共著），理論編7章（共著）

批判的思考力を高めるエクササイズ

2023年9月30日　初版第1刷発行　［検印省略］

編　　　者	佐藤佐敏・中野博幸ⓒ	
発 行 人	則岡秀卓	
発 行 所	株式会社　図書文化社	
	〒112-0012　東京都文京区大塚1-4-15	
	Tel：03-3943-2511　Fax：03-3943-2519	
	http://www.toshobunka.co.jp/	
本文デザイン・装幀	中濱健治	
イ ラ ス ト	松永えりか（フェニックス）	
組版・印刷	株式会社 Sun Fuerza	
製　　　本	株式会社 村上製本所	

乱丁・落丁本はお取り替えいたします。
定価はカバーに表示してあります。
ISBN 978-4-8100-3780-7 C3037